社会学の新地平

——ウェーバーからルーマンへ

佐藤俊樹
Toshiki Sato

Eurus
Notus
Boreas
Zephyrus

岩波新書
1994

目次

マックス・ウェーバーの親族関係(主要な人物・職のみ)

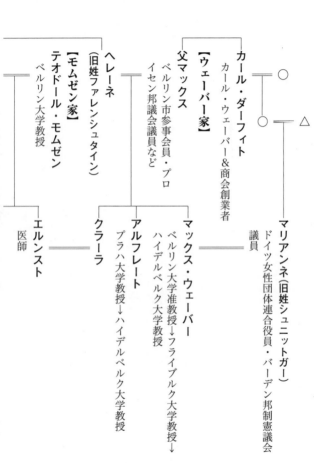

△ ＝ ○

マリアンネ(旧姓シュニットガー)
ドイツ女性団体連合役員・バーデン邦制憲議会議員

○ ＝ カール・ダーフィト
カール・ウェーバー&商会創業者

【ウェーバー家】

父マックス
ベルリン市参事会員・プロイセン邦議会議員など

＝ ヘレーネ
(旧姓ファレンシュタイン)

マックス・ウェーバー
ベルリン大学准教授→フライブルク大学教授→ハイデルベルク大学教授

アルフレート
プラハ大学教授→ハイデルベルク大学教授

クラーラ ＝ エルンスト
医師

【モムゼン家】

テオドール・モムゼン
ベルリン大学教授

○＝

【バウムガルテン家】

イダ〔ヘレーネの姉〕
(旧姓ファレンシュタイン)
＝
ヘルマン・バウムガルテン
シュトラスブルク大学教授

カール〔エルンストの兄〕
ベルリン市会議員・ジーメンス社法律顧問→
中央ドイツ信用銀行ベルリン支店長

フリッツ
ギムナジウム教員→フライブルク大学嘱託教授

オットー
キール大学教授・牧師

エミー

○〔ヘレーネの異母姉〕
(旧姓ファレンシュタイン)
＝
ユリウス・ヨリー
バーデン大公国内相→首相

エリーザベト

【ヨリー家】

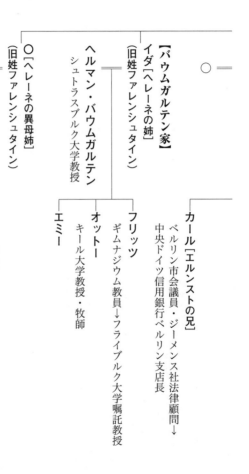

序章　現代社会学の生成と展開

一　二人の学者と二つの論考

「この社会」への問い

「社会学って、何をやっているのですか？」とよく訊かれる。研究者なら誰しも似た経験はあるだろうが、社会学では特に多いのではないか。それも隣接分野の経済学や政治学の専門家から、真面目な顔で訊かれるのだ。よく顔を会わすお隣りの方から「あなた、誰？」といわれるようなものである。訊かれると一瞬、自分でも考え込んでしまうが、はぐらかしたり、ごまかしたりはできない質問だ。なんとかうまく伝えたくて、いろいろ工夫してきた。

たしかに「社会」と一言いわれても、一体何をさすのかわかりづらい。友だち、家族、近隣、職場、学校、地域、職業、エスニシティ、国家……。いろいろな社会がありうるが、実はどれでもよい。自分に近い何かで、だからこそ考える必要があって、だからこそ考えにくい。そのような意味での、この社会を考えるのが社会学だ、と私自身は考えている。

だから、「この」にただ一つの正解があるわけではない。先ほどのなかの一つが「この」の人もいるだろうし、他の何か、例えば男女以外の性的同一性が「この」にあたる人もいるだろう。一人に一つだけともかぎらない。むしろ濃淡の差はあれ、いくつかの「この」がある人の方がふつうだと思う。

それゆえ、現代を生きる大多数の人に共通する「この」もある。それは産業社会《インダストリアル・ソサイエティ》と呼ばれるものだ。一九世紀の欧米から本格的に姿を現してきた、科学技術と巨大組織を基盤とする社会。地球の生態系や地質までまきこんで、「人新世」という新たな年代区分まで提案されるくらい、大きな変化を引き起こしつつあるこの産業社会は、多くの人たちにとってとりわけ切実な「この」社会になっている。

社会学と産業社会

社会学にとっても、それは最も重要な「この」社会である。むしろ、産業社会とは何かを解読する学術として、社会学は生まれた。現代の社会学の創始者といえるエミール・デュルケムやマックス・ウェーバーでもそうであり、「社会学」という名称の発明者とされるオーギュスト・コントでもそうだ。

「社会学」という言葉は一九世紀初めにはすでに学術用語になっていた（M・リーデル「市民社会」河上倫逸・常俊宗三郎編訳『市民社会の概念史』七八頁、以文社、一九九〇年）。だから本当はコントの造語ではないが、「この」社会が産業社会であり、それを解き明かす学術が社会学なのだ——。コントは「社会学」をそう定義し、その定義を引き継ぐ形で、それぞれの時代の産業社会を社会学者は読み解こうとしてきた。

今もその営みはつづいている。例えば、構造機能主義を唱えたT・パーソンズに代わって、新たな社会システム論を構築し、二〇世紀後半を代表する社会学者になりつつあるニクラス・ルーマンも、その一人だ。

一九世紀の半ばすぎに生まれ、二〇世紀の初めにかけて活躍したウェーバーの社会学が、圧倒的な力で地球上を覆う二〇世紀の産業社会を見通すものだったとすれば、二〇世紀の後半を生きたルーマンの社会学は、二一世紀の新たな産業社会の姿を映画の予告編のように見せてくれる。そういえば、わかりやすいだろうか。二人の社会学はほぼ一〇〇年の時間を隔てて、現代の産業社会の始まりと今の姿をあざやかに描き出している。だから、一人一人とりあげても十分に面白いが、ひと連なりの探究として読むことで、それぞれの解読の成果もいっそうくっきり見えてくる。そういう関係にある*。

それゆえ、この二人の足跡をたどることで、この一〇〇年あまりの社会学の歩みもわかる。そしてそれはそのまま私たちの「この」社会、すなわち産業社会の現在を知ることにもなる。

最初に断っておくが、だからといって、二人の足跡を知らないと社会学はわからないとか、現代の社会はわからないとか、いいたいわけではない。一つ一つの論点や発見をとれば、ほとんど同じことを考えていた人は少なからずいる。「時代を超えた天才」のような言い方はただの売り出し文句《セールス・トーク》でしかない。

むしろ同時代の思考を徹底的に考え抜いて、「この」社会の全体像をとらえようとした。二人の本当の偉大さはそこにある。そこが非凡で、凄いのだ。だからこそ、この二人の研究をたどることで、社会学の歩みも、産業社会の現在も、より良く知ることができる。

＊「産業社会」は「社会」というより「状態」に近いが、慣習的な呼び方なのでそのまま使う。本書の考察には特に影響ない。

人物紹介――マックス・ウェーバー

とはいえ、この本の読者のなかには、ウェーバーもルーマンもよく知らないという方もおられるだろう。なので、最初に簡単に紹介しておこう。

ウェーバーは一八六四年にドイツで生まれ、一九二〇年、第一次世界大戦が終わった翌々年に亡くなった。ちょうど一九世紀から二〇世紀への転換期を生きた人だ。新型コロナウイルス感染症の前に人類が経験した大規模感染症《パンデミック》、スペイン風邪の大流行で亡くなったといえば、今はむしろ身近に感じられるかもしれない。

「プロテスタンティズムの倫理と資本主義の精神」という論文がめちゃくちゃ有名で、だからその印象だけで語られがちだが、もともと彼は法学者だった。商法とローマ法が専門で、特に会社の法制度とその歴史を研究していた。博士論文では近代的な法人会社の起源をとりあげている。L・ゴルトシュミットという、今の日本でいえば最高裁の判事まで務めた大商法学者が指導教員で、その後継者として、二九歳でベルリン大学法学部の准教授になった。その後、フライブルクとハイデルベルクという、ドイツ南西部の都市の大学に移り、経済学から社会学に転じる。

現在の国名「ドイツ連邦共和国」が示すように、ドイツは複数の国家＝「領邦（邦）」の連合体である。一八七一年のドイツ帝国の成立以降も、それは変わらなかった。ベルリンはドイツ帝国の首都だが、プロイセン王国という邦の首都でもある。ベルリン大学もドイツ帝国《ライヒ》の大学ではなく、プロイセン邦《ラント》の大学だ。一方、フライブルクとハイデルベルクはバーデン大公国にある（各邦の位置は図0－1参照、池上俊一『森と山と川でたどるドイツ史』一一九頁、岩波ジュニア新書、二〇一五年より）。

亡くなったとき、ウェーバーはバイエルン邦のミュンヘン大学の社会学教授だったが、その前の二〇年あまりは、ハイデルベルク大学の教授であった。当時のドイツ語圏ではベルリンに次ぐ序列第二位の大学だから、日本でいえば、東京大学出身で京都大学の教員を長く務めた、みたいなものだろうか。実は在職期間の大半は病気休職中で、授業は担当せず給与も貰わずにいたが、その間も新聞寄稿や手紙では「ハイデルベルク大学教授」と名乗りつづけた。世の中的にもそれが彼の職業だった。

そんな典型的な学者人生を歩んだ人だが、先ほど述べたように、もともとの専門は商法や経済学で、産業社会の現場にも近い。博士論文を提出する一年前、二六歳のときには国家試験に合格して、「判事補」という、日本でいえば弁護士資格も取っている。ドイツの港湾都市ブレーメンの商業会議所の法律顧問の職に応募したこともあり、実務でも有能だと本人は思っていたらしい。実際はともかく(↓序・二)、ひたすら研究室に籠り、本を読む型の学者ではなかったことは、たしかだ。

ウェーバーは社会調査とデータ分析の専門家でもあった。経済学への「学界デビュー」になったのも、こちらの方だ。社会政策学会という団体が、「東エルベ」(現在は主にポーランド)の農場主を調査した。そのデータに独自の視点を加えて集計した報告が高く評価され、評判になる。

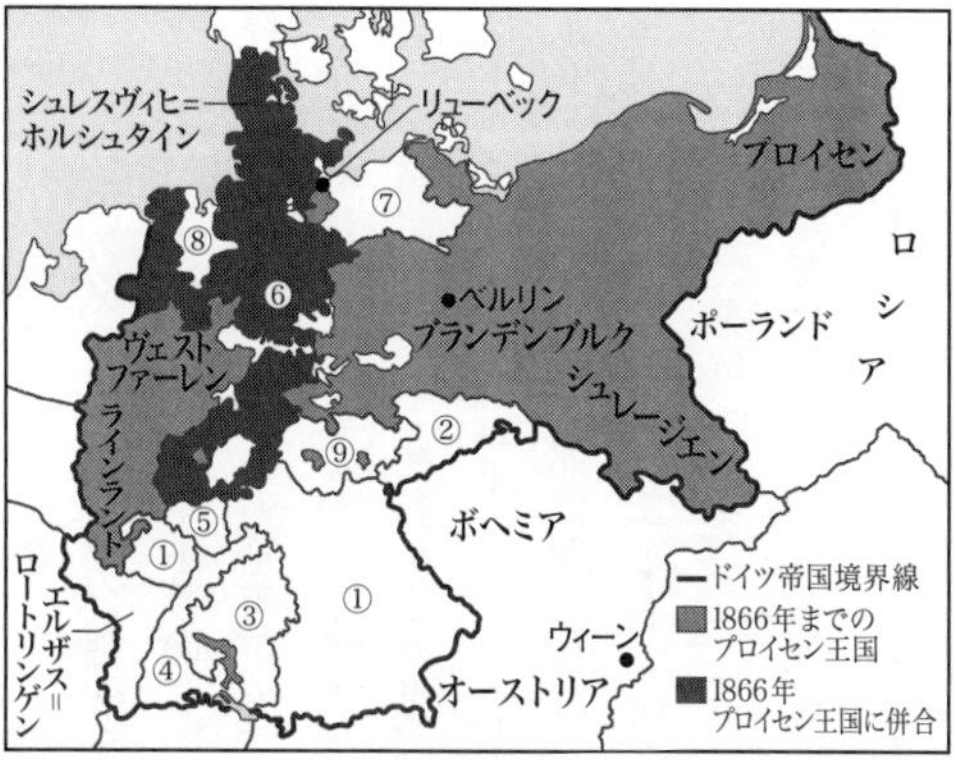

①バイエルン王国　②ザクセン王国　③ヴュルテンベルク王国
④バーデン大公国　⑤ヘッセン大公国　⑥ブラウンシュヴァイク公国
⑦メクレンブルク=シュヴェリーン公国　⑧オルテンブルク公国
⑨テューリンゲン諸国(ザクセン=ワイマール大公国など)

図 0-1

　その後も、同じ社会政策学会が企画した大規模工場の共同調査に関わり、インタビューやアンケート配布の注意点まで細かく指示している。自分でも親族の経営する麻織物工場を調査し、どんな労働者の生産性が高いのかなどを調べている。そういう意味でも、産業社会の現場とつきあっていた(竹林史郎、田村信一・山田正範訳『歴史学派とドイツ社会学の起原』ミネルヴァ書房、二〇二二年など)。

ウェーバー家と資本主義

「プロテスタンティズムの倫理と資本主義の精神」にも、実はそれが反映されている。この論文でウェーバーは近代の資本主義のしくみの起源を探究した。そのなかで「資本主義の精神」を体現した経営の実例として一つの企業が出てくる。

企業名はふせてあるが、社名からお気づきの方もおられるだろう。これは彼の父方の伯父カール・ダーフイト・ウェーバー(以下、カール・Dと略す)が、一九世紀の半ば、一八五〇年にドイツ中部、ビーレフェルトという都市の近郊に創立した会社だ。先ほどの「親族の工場」もこの会社のである。もともとウェーバー家はビーレフェルトで代々、麻織物商を営んでいた。「ウェーバー」という姓も、ドイツ語で「織り手」を意味する。

それだけではない。伯父の死後、ウェーバー夫妻はこの商会の株式を相続し、主にその配当収入で暮らしていた。ウェーバーの職業は大学教員だが、経済的にはむしろ資本家(の親族)であった。

「プロテスタンティズムの倫理と資本主義の精神」はもっぱら近代の初期、産業社会より一時代前の経済でキリスト教が果たした役割を研究したものとして、読まれてきた。それはそれで正しいが、もう一面では一九世紀後半のドイツの産業社会とそこで生きたウェーバー家の、生々しい現実と関わっている。むしろ、当時のビーレフェルトとウェーバー家が経験した歴史を、産業化が始まる前の時代に投映した作品でもあった(↓一・二)。だからこそ、私たちの、現代の産業社会にそのままつながってくる。

ウェーバーが産業社会の解読者の一人だというのは、そういう意味でもある。第一章ではそういう視点から、この超有名な、彼の代表作とされる論文を解読していこう。

人物紹介――ニクラス・ルーマン

ウェーバーは日本語圏でも有名で、むしろ有名すぎていろいろ誤解されてきた面すらある。それに対してもう一人のニクラス・ルーマンは、社会学以外ではまだそれほど有名ではない。名前を聞くのも初めて、という方もおられるだろう。

その理由の一つは彼の著作にある。抽象的でわかりにくい、とよくいわれるのだ。ルーマンは哲学や現代思想、最先端の「科学」が好きで、その著作や術語をしばしば引きあいに出す。そんなところも近寄りがたさになっているのだろうが、実際にはウェーバーとはまた別の意味で、現代の産業社会に深く関わってきた。

生まれたのは一九二七年、ドイツ北部ニーダーザクセン州のリューネブルク。「ハンザ」の時代には製塩業で栄え、旧い市庁舎や教会、河港遺構などが今も残るところだ。近郊に広がるヒース(エリカ)の草原も有名で、現在では観光都市になっている。父親はビール醸造所を経営しており、祖父は市の参事会員も務めている。

ルーマンは第二次世界大戦に従軍している。高校在学中に動員されてアメリカ軍の戦車と戦い、捕虜になった。収容所にいた時の経験から、復員後は法学を学ぶ。卒業したのはフライブルク大学、ほぼ半世紀前にウェーバーが教えていた大学だ。主な専門は民事法とローマ法で、特に法制度の歴史に興味をもち、旧いラテン語の法律書などを読んでいた。先ほどみたように、実はウェーバーもそうだった。

その後、二六歳のときにウェーバーと同じく、国家試験に合格して「判事補」の資格を取る。試験の成績は良く、法実務の能力も認められていたようだが、ルフトハンザ航空の法律顧問に就くあてが外れ、法学の博士論文を出すのはあきらめたらしい。一九五四年の終わり頃から、リューネブルクの行政高等裁判所で働き始める。判決関連の文書もつくっていたが、制度の運営面により関心があったようだ。専門職の資格の上でも「行政官補」になって、ニーダーザクセン州の文化省(文部省)に移る。

ウェーバーの経歴と最もちがうのは、おそらくここだろう。ウェーバーもルーマンも官僚制組織を専門の一つにしていたが、ルーマンは実際に行政官僚として働いていた。それは二人の研究にも表れている。詳しくは第三章であつかうが、ウェーバーの官僚制論は、まるで動物の骨組みを化石で見ている感じがする。基本的な組み立てはわかるが、実際に動く姿を想像しがたい。「これでどう動くの?」と正直首をひねりたくなる。

それに対して、ルーマンの組織論を読むと、組織がこう動くのはこんなしくみだからなのか！と目からウロコが落ちる。だから、「社会人」の経験がある方が、実はルーマンは読みやすい。抽象的な表現や言葉遣いの向こうに、具体的に見ているものが想像できるからだ。私も大学教員になった後の方がずっと読みやすくなった。

官僚から学者へ

とはいえ、彼が官僚としてとても優秀だったかといえば、そうでもなかったようだ。午後五時になるとさっさと退勤して、好きな哲学書や、社会学や旧い文化人類学の本を読んだり、組織に関する論文を書いたりしていた。省内の留学制度を利用して一九六〇年から一年間、ハーヴァード大学に留学し、帰国後はシュパイヤー行政大学院という、幹部公務員の研修や関連分野の研究を行う機関に移る。

行政官僚の仕事に飽きてきて、昇進するには主要な政党のどこかに属さないといけなかったが、そうしたくなかった、と彼自身は語っている。さりげない一言だが、ルフトハンザの法律顧問に就くあてにしていた「父の知人」がオットー・ヨーンだったことを知ると、その陰翳の深さに言葉を失う。*

この頃からルーマンは本格的に社会学者への途を歩き始める。ドイツの場合、大学教員になるには博士論文だけでなく、教授資格論文というのを提出して審査に合格する必要がある。ルーマンはどちらも一九六六年に出している。四〇歳少し前だから、かなり遅い。ウェーバーは博士号を二五歳、教授資格は二七歳のときに取っているが、分野はどちらも法学だった。社会学を本格的に始めるのはやはり四〇歳少し前あたりからだ。

このあたりも興味ぶかい。ウェーバーもルーマンももともとは法学を学び、専門職の資格もとっている。実務にも関心があり、携わっていたこともある。基本的な素養は法学、それも民事法や行政法といった分野で、その後、社会学者に転じた。社会学者になる経歴としては、めずらしい方だろう。有名な社会学者でいえば、デュルケムやG・ジンメルは哲学から入っている。パーソンズは生物学からだ。日本の大学でも、社会学科の多くは文学部か、社会学部に属している。その意味でも、この二人、実はよく似ている。後でみていくように、ルーマンはウェーバーの官僚制論には批判的だった。それはそうだろうなと私も思うが、専門も関心も重なるからこそ、ぶつかる面も大きい。実際、よく読むとむしろ的確にウェーバーの企図をとらえていたりする。

*ルーマンの経歴や三〇代の研究については、佐藤俊樹『メディアと社会の連環』(東京大学出版会、二〇二三年)の序論一節でも述べている。文献や資料などはそちらを参照。

オットー・ヨーンに関しては英語版やドイツ語版のウィキペディアに紹介がある。ルーマンはそれによって、社会の外に排除されるかもしれない経験を複数回もち、そのことが彼の社会学に独特な柔らかさと優しさをあたえたのではないか。そのようなルーマンの基調については、奥村隆『社会学の歴史II』(有斐閣、二〇二三年)の第15章がまとまった、良い解説になっている。

専門的にルーマンを語るのであれば、『組織論論文集1・2』(E. Lukas und V. Tacke (hrsg.), *Schriften zur Organisation 1, 2*, Springer, 2018, 2019)の「編者ノート」も読んだ方がよい。日本語で紹介されてきたルーマン像がどれほど部分的なのか、よくわかる。

ビーレフェルトの社会科学者たち

その後、一九六八年にドイツ中部のビーレフェルトに新設された大学の教授となり、九三年に退任するまで、ここが研究と教育の拠点になった。

この地名、見おぼえがあるだろう。そう、ウェーバー家の故郷にあたる都市だ。一九七七年に妻を亡くした後、ルーマンは近郊のエルリングハウゼンという小さな町に移る。そこで亡くなりお墓もそこにあるが、実はこの町もウェーバーと関係が深い。ウェーバー&商会の本社と工場があったのは、このエルリングハウゼンだ。ウェーバーの妻、マリアンネは創立者カール・Dの孫娘で、結婚式もこの町であげている。

社会学の「地霊《ゲニウス・ロキ》」でもいるのかという気になるが、実はこれにも社会科学的な理由がある。ビーレフェルトとその周辺の地域はもともと麻織物業で栄えていた。それが一九世紀前半に機械織りの製品が大量に輸入されるようになると、他の産地とともに苦境におちいる。そのなかでこの地域は新たな業態への転換に成功し、ドイツを代表する工業都市の一つとして成長していく。

ビーレフェルト大学は産業社会の研究でよく知られている。例えば、産業化の社会史の専門家で、この本でも何度か出てくるJ・コッカもこの大学の教員だった。産業化の荒波のなかで転換と再生を遂げた地域の歴史も、そこには関わっていたのだろう。

ウェーバー&商会はそこで重要な役割を果たした企業の一つであった。第一章で詳しくみていくが、「プロテスタンティズムの倫理と資本主義の精神」のなかでウェーバーは、それを「資本主義の精神」の具体例として描くことになる。ウェーバーとルーマンという、二人の産業社会の解読者はそんな形でもつながっている。

要するに、この二人の社会学者はかなり近いところを、いわば背中あわせで歩いていた。弁護士や官僚の実務でもそうだし、学者としてのキャリアでもそうだ。ウェーバーが学術界のど真ん中を歩いたのに対して、ルーマンは途中から研究者の途に入った。当初は博士号もなかったから、「本物の学者ではない」みたいに見られたこともあっただろう。そういうちがいはあり、それは先ほど述べたように、二人の社会学のちがいとしても表れているが、ここではまず共通点をおさえておこう。

商法や行政法、組織というのは、産業社会を支える最も基幹的な制度であり、産業社会になって爆発的に発展してきた。ウェーバーもルーマンもそうした分野から社会のしくみに関心をもち、やがて社会学者になっていった。ほぼ一〇〇年の時間を隔てて二人の社会学は、現代の産業社会の始まりと今の姿をあざやかに描き出している、というのはそういう意味でもある。

同じ題名の論文が二つ

もう一つ、この二人の社会学者には興味ぶかい共通点がある。

先ほど、ウェーバーの代表作として「プロテスタンティズムの倫理と資本主義の精神」をあげた。社会学の教科書や解説書には必ず出てくる論文だが、発表年は二通りある。一九〇四〜〇五年と一九二〇年だ。

実はウェーバーは一九〇四〜〇五年に「プロテスタンティズムの倫理と資本主義の「精神」」という論文を発表した。そして彼が亡くなった直後に刊行された著書『宗教社会学論集1』に、それを大改訂して収載した。そのときに題名も「プロテスタンティズムの倫理と資本主義の精神」に変えた（こちらは、精神に「　」がない）。

一九〇四〜〇五年版の方は、彼が最初に書いた本格的な社会学の論文にあたる。一九二〇年のものは彼の死後に出版された、いわば最後に書いた著作の一つだ。「プロテスタンティズムの倫理と資本主義の精神」は社会学者マックス・ウェーバーの最初と最後を飾る論文なのである。

日本語訳も両方あって、例えば岩波文庫の大塚久雄訳（一九八九年、以下「大塚訳」と略す）は一九二〇年の改訂版による。未來社から出ている梶山力訳・安藤英治編『プロテスタンティズムの倫理と資本主義の《精神》』（一九九四年、以下「梶山訳安藤編」と略す）は、一九〇四〜〇五年版の方をもとに、改訂された部分もわかる形で訳されている。こちらの題名が《精神》なのはそのためだ。

ルーマンも、同じ題名の著作を二つ書いている。正確には、著書と論文だが。一つは『組織と決定』という題名で、二〇〇〇年に刊行された。これも死後の出版だから、彼の研究の最後を飾るものの一つだ。ルーマンは多作な人で、いくつも遺稿があるが。

そして、こちらは全く同じ「組織と決定」という題名で、一九七八年に論文も発表している。これも彼の社会学にとって重要なものだ。一九八〇年前後からルーマンは社会の自己産出系《オートポイエティック・システム》論を本格的に展開していくが、その第一歩になった(長岡克行『ルーマン／社会の理論の革命』勁草書房、二〇〇六年。佐藤『メディアと社会の連環』前掲など)。ルーマンの自己産出系論の最初と最後を飾るのは、「組織と決定」(という論文)と『組織と決定』(という著書)なのである。

ここまでくると少し出来すぎな感じがするが、もう一つつけ加えておこう。「プロテスタンティズムの倫理と資本主義の精神」でウェーバーは、近代資本主義の成立にプロテスタンティズムが決定的な役割を果たした、と主張した。では、その近代資本主義の決定的な特徴がどこにあると彼は考えていたか、ご存じだろうか。

宗教？　禁欲？　勤勉？　どれもちがう。『宗教社会学論集1』ではこう書かれている――「自由な労働の合理的組織」だと(→一・二)。ウェーバーは近代資本主義の独自性を、最終的には、それを担う組織の特性でとらえていたのである。

つまり、二人の研究はどちらも組織に深く関わる。その意味でも、二人の社会学はほぼ一〇〇年の時間を隔てて、現代の産業社会の始まりと現在の姿をあざやかに描き出している。そして、それを読み解く上では、組織が重要な鍵になる。

産業社会が多くの人にとって切実な「この」社会だとすれば、それも当然のことだろう。それこそ無政府主義者《アナーキスト》ですら、産業社会を生きているかぎり、組織によって日常の生を支えられている。それこそ「卑近」な例になるが、大学教員の社会学者にとっても組織は最も身近で、最も重要な社会的現実の一つである。大学という機関はまぎれもなく、官僚制組織なのだから。

だとすれば、産業社会を肯定するにせよ否定するにせよ、組織とはどんなもので、どのように動くのかを知って、より良くそれとつきあうのは、この社会を生きる責任の一部だと思う。例えば、暴走したときにはどう空転させられるかも、大事な知識になる。「つきあう」にはそういうことまでふくまれる(→終章)。

視座と系譜

二人には他にも共通点がある。どちらにも「その著作を読む専門家」がいるのだ。例えば、ウェーバーなら「ウェーバー学」という呼び名まである。ルーマンの場合はもう少し慎ましい名称がついているが、ウェーバーならば、ウェーバーの著作や研究を、ウェーバーが用いた言葉(術語)を使って解説する。ルーマンならば、ルーマンの著作や研究をルーマンの言葉で解説する。そのため、その「専門家」以外には近づきにくい。そんなイメージがつきまとっている。

使う言葉はその人が見えている世界を映し出す。だから、同じ言葉を使って読み解いていくのもたしかに一つのやり方だ。と同時に、もったいないな、とも思う。ウェーバーの術語系だけで、あるいはルーマンの術語系だけで、世界が閉じてしまうからだ。

実際には、二人が取り組んだ研究は、彼らだけで完結しているわけではない。その成果はその後の社会学や社会科学に引き継がれていった。そのなかで再検討されて、「あてはまる」とされたものも、「あてはまらない」とされたものもある。ウェーバー「だけ」、ルーマン「だけ」読んでいると、そこが見えなくなる。

例えば、ウェーバーの研究は一〇〇年以上前のものだが、今も大きな意義がある。その意味で、現代でもしっかり活きている。だからこそ、私もこんな本を書いているわけだが、従来の社会科学でウェーバーが不当に無視されてきたとは考えていない。経済史や歴史学のなかで、彼の研究は一つの仮説として真面目にとりあげられ、検討されてきた。専門的な学説研究ではほとんど見過ごされてきた成果が、他の分野で重視され、定説の一つになっている。そんなものさえある。ルーマンでも同じだ。

だからこそ、ウェーバーの言葉だけで、ルーマンの言葉だけで、閉じるのはもったいない。多くの学術には「古典」と呼ばれる著作がある。その分野の創始者にあたる人たちの研究で、それを読むと、その後どんなことが考えられてきたのかまで見通せる。ウェーバーの研究は社会学の、そして社会科学の古典の一つだ。そしてルーマンの研究もやがてそうなっていくだろう。だからこそ、二人の社会学が近づきがたく思われているのは、とてももったいない。

そんな状況を打開するには、彼らの研究は現代のここにこうつながっている、だから面白いし、読む意義もある。――それを具体的に示すのが一番良い。だからこの本では、まず、そういう意味でのウェーバーの現代的な意義を、つまり産業社会の解読者として彼がどんな研究をし、その成果がどのように引き継がれていったのか、を解説していこう。

それを通じて、現代の社会科学がこの社会をどうとらえているのかも見えてくるし、もう一人の解読者であるルーマンとのつながりもわかってくる。それはそのまま現在の社会学や社会科学の解説にもなる。

ウェーバーの社会学と現在の社会科学

それゆえ、これから述べるウェーバーの紹介も、ルーマンの紹介も、従来とはかなりちがったものになるだろう。特にウェーバーに関しては、多くの入門書や解説書がすでにあるので、戸惑う人もいると思う。

私は、マックス・ウェーバーは社会(科)学にとって「扇のかなめ」にあたる学者だと考えている。

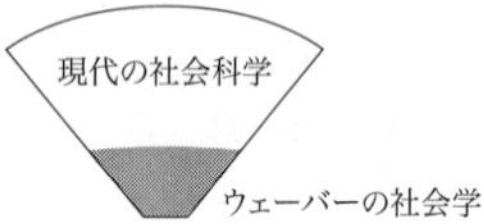

図0–2　現代の社会科学とウェーバーの社会学

図0–2みたいな感じだ。薄いグレーで示した「ウェーバーの社会学」の部分はやや大げさに描いており、分野によってもかなり変わってくるが。

一〇〇年以上前に亡くなった人だが、彼が始めた考え方やとらえ方、調べ方や研究の進め方はその後も引き継がれ、発展していった（厚東洋輔『〈社会的なもの〉の歴史』第七章、東京大学出版会、二〇二〇年など）。今ではもう旧くなったものもあるが、それらもふくめて、マックス・ウェーバーから始まったものは多い。だから、彼の研究を知ると、現代の社会科学を見通しやすくなり、何をやっているかも理解しやすくなる。その点では、とても便利な人でもある。

例えば「プロテスタンティズムの倫理と資本主義の精神」のなかでウェーバーは、現代の経済の主要なしくみである近代資本主義は、キリスト教の宗派の一つであるプロテスタンティズム（新教）の倫理によって生まれた、と主張した。より正確にいえば、近代資本主義を成立させた複数の原因の一つは、個々人の魂の救済の確証を求めるプロテスタンティズムの倫理だった、そういう意味で、もしプロテスタンティズムの倫理がなければ近代資本主義も生まれなかった。そう主張した。

発表された当初からこれは話題になり、ドイツ語圏の社会科学や歴史学、宗教学などもまきこんで、大きな論争を引き起こした。それによってウェーバー自身も広く知られるようになったが、今もこの主張は定説になっているわけではない。大きくいえば、ウェーバーが創始者の一人である社会学では、ある程度正しいのではないかと思われているが、それ以外では、面白いがあまり説得的ではない、とされている。

社会学の内部でも、同じような濃淡がある。宗教社会学や学説研究などの分野ではかなり信じられているが、数理や計量分析に近い分野では必ずしもそうではない。ただ、社会学の創始者の一人であり、こうした仮説を立てて独自の議論を組み立てたこと自体には大きな意義がある、と考えられている。

投げかけられた問い

そういう意味では、ウェーバーの仮説の正しさも興味ぶかいが、もっと重要なのはその後の展開の方だ。この仮説を立てることによって、ウェーバーは近代資本主義とは何かだけでなく、さらに二つの大きな問いを開いた。一つは、彼が主張した因果関係はどうすれば論証できるのかであり、もう一つは、社会における意味とは何かである。ウェーバー以降、社会学はこれらの問いを考えつづけている。現在の社会学や社会科学の少なくとも一部はその成果である。

「プロテスタンティズムの倫理と資本主義の精神」の本当の貢献もそこにある。この論文で出された結論ではなく、投げかけられた問い——そこから現在の社会学も始まっている。裏返せば、ウェーバー自身はこれらの問いに十分には答えられなかった。だからこそ、その後も考えつづけられてきた。

だから、ルーマンが何を考えようとしたのかも、ウェーバーが何を考えたのかから見通し良く理解できるし、ウェーバーが何を考えようとしたのかも、ルーマンを起点にふり返れば、より良く見定められる。

そして今も社会学はこれらの問いを考えつづけている。言い換えれば、今もなお、これらの問いに十分には答えられていないが、それでも答えの方向性はかなり明確になってきた。何よりもそういう意味で、ウェーバーは今の社会学を始めた人なのだ。

産業社会における因果と意味

さらにいえば、社会科学だけではなく、現在の産業社会を生きる私たち全てに、これらの問いは関わってくる。

因果についていえば、現代の社会は科学的知識によって支えられている。より正確にいえば、「科学的に解明された」因果の知識にもとづいて営まれている。政治的な意見の対立もしばしば、どちらがより科学的かという形で争われる。それゆえ、どんな知識がどの程度科学的であるか、どの程度信頼できるかは、私たちの日常生活に直結する。例えば新型コロナウイルス感染症でも、感染対策や治療法、ワクチン接種の効果と副作用をめぐって、「これが原因だ」「あれが原因だ」、「こういう効果がある」「そんな効果はない」とする意見が、TVや新聞にもネットの世界にもあふれ返った。

私たちは世界を因果という形で観察している。それにもとづいて自分がどうするかを決め、他人にこうしてほしいと求めている。だからこそ、個々の出来事や事象に関わる因果をどのように特定できるのか、それにどの程度信頼性があるのかがとても重要になる。これは科学的厳密さ以前に、他人に対する誠実さの問題なのだ。

ウェーバーが取り組んだのもそういう探究だった。プロテスタンティズムの倫理が近代資本主義の原因の一つだと主張しただけではない。どうすればこの仮説が検証できるかを考え、それにもとづいてその後の研究を展開していった。宗教以外の原因の方に注目した著作もある（第二章参照）。この社会で使われている科学的な因果がどのようなものであり、どんな場合にどの程度の信頼性をもてるのかも、そこから見えてくる。

意味についても、同じことがいえる。ウェーバーは自身の社会学を「理解社会学」と呼んだ。わかりやすくいえば、社会のさまざまな事象を意味という面から解明しようとした。それが理解社会学だ。「プロテスタンティズムの倫理と資本主義の精神」に即していえば、その意味の解明はこれまで、例えば次のように受け取られてきた。――産業社会のしくみは一九世紀以降、人類が利用できる資源を大幅に拡大して「豊かな生活」を創り出した。いまだに貧困も飢餓も地球上から全く無くならないが、それでも二〇〇年前に比べれば圧倒的に少なくなった。現代の貧しさにはむしろ、その豊かさをどのように適切に分配できるのか、という面が大きい。大規模な自然災害や疫病ですら、そうした

「豊かな生活」にともなう地球環境問題や生態系の変化によって、引き起こされるようになっている。

それゆえ現代の私たちは、産業社会による豊かさの、さらにその先を考えたり、それが唯一のあり方なのかを考えたりせざるをえなくなっている。そういう形で「豊かな生活」がもつ意味を問い直させられている。

ウェーバーは、近代資本主義を成立させた原因の一つが宗教の倫理にあるとした。だとすれば、産業社会の豊かさは本来、それ以外の何かを求めて創り出されたものになる。そうした視点をとることで、現在の私たちの豊かさが本当はどんなものなのか、「豊かな生活」を求めることで何が選ばれて何が選ばれていないのか、に光をあてることができる。

それが「豊かさの意味を問い直す」という作業であり、ウェーバーの研究はその出発点になる……。

意味をめぐるもう一つの問い

日本語圏ではとりわけ山之内靖『マックス・ヴェーバー入門』(岩波新書、一九九七年)以降、こうした方向でウェーバーの研究を位置づけることが一般的になってきた。これもたしかに意味の解明の一つのあり方だが、ウェーバーが開いた意味をめぐる問いの、あくまでも一つにすぎない。むしろ、どちらかといえば主要でない方の一つだと私自身は考えている。

なぜならば、こうした種類の意味の解明では、近代資本主義の原因が本当に宗教の倫理であることが前提になっているからだ。先ほど述べたように、現在の社会科学ではこれは広く受け入れられているとはいいがたい。だとすれば、こうした意味の解明自体に、それほど大きな意義は見出せない。

ここでも本当に大事なのは、ウェーバーが出した結論ではない。それにいたる考え方の方である。宗教倫理が人々の生活にあたえた影響や他の制度との関連性を考察していくなかで、ウェーバーは複数の人間をつなぐ形式としての意味をうかびあがらせた。英語では理解社会学を interpretive sociology、つまり「解釈社会学」と呼ぶが、理解社会学とは何かをこの言葉はうまく言い表している。ウェーバーが「プロテスタンティズムの倫理と資本主義の精神」で焦点を当てたのも、一人一人が他人の言動に自分の言動をどう関係づけているか、より正確にいえば、どのように関係づけていると受け取られてきたのか、である。

第一の問いである因果の探究に比べると、こうした意味の位置づけはウェーバーのなかでも、まだそれほど明確になっていなかった。そのため、方法論として整備されるのは、C・ライト・ミルズの「動機の社会学」やルーマンのコミュニケーションシステム論まで待たなければならなかったが、近代資本主義とプロテスタンティズムの禁欲倫理の間をつなぐ上でも、こうした考え方は重要になってくる。

さらに、彼の最初の研究である法人会社の起源の意義も、それによって明確になる。第一章以降でみていくように、ウェーバーは亡くなるまで、会社の法制度と近代資本主義の関わりを考えつづけていた。そうした研究の意義が見過ごされてきた理由の一つも、社会における意味とは何かが十分に考えられてこなかったからだろう。

これらに関しては第一章と第二章でとりあげた上で、その因果と意味をめぐる問いに、もう一人の社会学者ニクラス・ルーマンがどんな答えをあたえたのか、それによって「プロテスタンティズムの倫理と資本主義の精神」の欠けた環をどのようにつなぐことができるのか——それを第三章で見ていく。ウェーバーとルーマンという二人の社会学者の研究は、そうした形でも背中あわせになっている。

社会学の現在へ

その意味で、この本はウェーバーから始まる社会学の紹介と解説になっている。彼が始めた探究と考察はどのようなもので、その後、どう進んでいったのかをそうした視座から展望していく。数理や自然科学に親しい人向けにいえば、ウェーバーの主張を「ウェーバー予想」として位置づけ、それが成立するためには、どのようなデータや方法論が必要になったのかを跡づけていく。数学での「予想」でもそうだが、予想の正否以上に重要なのは、その正否を論証できる枠組みの構築だ。むしろそれによって、学術は前へ進んでいく。

結論めいたことを最初に述べれば、ウェーバーは「プロテスタンティズムの倫理と資本主義の精神」を通じて、社会における意味の働きに光をあてることになった。その光が照らし出した途を、今も社会学は歩みつづけている。それだけではない。社会における意味の働きとは何なのかを、現在も問い直している。社会学は、社会における意味の意味を考えつづけている学術なのだ。ウェーバーが始めた途はそこにつながってくる。

二　ウェーバー像の転換

ウェーバー研究の現在

この本ではそうした視点から、ウェーバーとルーマンという二人の社会学者の研究を通じて、現代にいたる産業社会のあり方を解読していこう。ウェーバーの方にやや重点をおいているが、それもそのままルーマンの社会学につながってくる。例えば第三章では、ルーマンの自己産出系《オートポイエティック・システム》論を簡単に解説することになる。

だから、産業社会や組織の探究に特に興味がある方は、ここからすぐに第一章を読み始めてもらってかまわない。この序・二ではやや寄り道になるが、ウェーバーの社会学に興味のある人向けに解説を加えておく。この本で書かれていることは、日本語圏で語られてきたウェーバー像からは大きく外れるからだ。

例えば岩波新書のロング・セラーの一つ、青山秀夫『マックス・ウェーバー』(一九五一年)では「彼は、内面的にはげしい基督者《クリスチャン》であった。われわれがいま基督教的ヒューマニズムと呼んだ山上の垂訓をたえず背負って生きた求道者であった」(一〇頁)とされている。青山の解説自体は実は的確なものが多いのだが(↓第二章)、こうした人物像にもとづいて、ウェーバーの研究や人生を読み解くものは今も多い。

しかし、一九八〇年代から刊行が始まった『マックス・ウェーバー全集』の編集作業や関連した伝記的研究の進展によって、それらも大きく見直されつつある。*私自身はもともと、彼がどんな人であっても彼の社会学の基本的な意義は変わらない、と考えているが(佐藤俊樹『近代・組織・資本主義』ミネルヴァ書房、一九九三年)、彼の研究を理解する上でも、ウェーバー像の描き直しは良い補助線になる。既存の像にあてはまりやすいものが、成果としても重視されてきたからだ。

ウェーバーの人生史《ライフ・ヒストリー》は社会学のなかでも、最も多くの研究者によって調べられ、語られてきた。それがこんな形で大きく書き換わるのは、歴史社会学的にも興味ぶかいが、これはまた別の機会に書くことにしよう。

簡単にまとめれば、ウェーバーの従来のイメージは次のようなものだ。

①プロテスタンティズムが近代的な経済のしくみや近代社会そのものを創った、と主張した。
②一般的な法則を求める自然科学に対抗して、個性を探究する人文・社会科学の独自な方法論を展

開した。

③『職業としての学問』などで鋭い学問論を展開し、自分自身もその考え方にしたがって生きた。

これらはもちろん全くのまちがいではないが、全面的に正しいわけではない。

*二〇二三年現在、ウェーバーの著作の日本語訳の多くは、『マックス・ウェーバー全集 *Max Weber Gesamtausgabe*』(以下『全集』と略す)刊行前のテクストから訳されている。この本では『全集』での該当巻と頁を付け、訳文を一部変更した。また、彼の人生や経歴を知る上では、妻マリアンネによる伝記『マックス・ウェーバー』(大久保和郎訳、みすず書房、一九八七年)が主な資料になる。この伝記はさまざまな批判を受けてきたが、今なお重要な伝記的研究の一つであり、十分に読み取られてこなかった部分も少なくない。マリアンネの知的能力は、多くの男性から過小評価されてきたように思う。以下『伝記』と略記し、原著(Marianne Weber, *Max Weber: Ein Lebensbild* (3 Aufl.), J. C. B. Mohr, 1984)の該当頁もつけておく。なお、原著第三版の本文は一九二六年刊の第一版と同じものである。

ウェーバーの家族史や個人史の研究も大きく進んでいる。とりわけ Guenther Roth の *Max Webers deutsch-englische Familiengeschichte 1800–1950*, Mohr Siebeck, 2001 は、ともに名門商家だったウェーバーの父方ウェーバー家と母方スーシェ家の歴史や経済活動を詳しく調べている。学説研究でも定評のある Dirk Käsler の *Max Weber: Preuße, Denker, Muttersohn*, C. H. Beck, 2014 とあわせて、重要な箇所では参照表記しておく。こうした研究の成果を本格的に反映したものは、日本語圏では今野元『マックス・ヴェーバー』(岩波新書、二〇二〇年)など、まだ少ないが、事実が大きく書き換えられたところもある。数十年前の文献にもとづいてウェーバーの人生や経歴をまとめるのは、学術的にはもうさけた方がよいだろう。

資本主義の要因論

まず①に関しては、たしかにウェーバーは近代的な社会のしくみ、とりわけ近代資本主義のしくみが成立する上で、プロテスタンティズムの倫理、特に彼が「禁欲的プロテスタンティズム」と呼んだカルヴァン派(カルヴィニズム)や敬虔派、再洗礼派の諸派などがその原因の一つになったと主張したが、他の原因も詳しく調べている。西欧独自の会社の法制度もその一つだ。むしろこちらの方が彼の専門だった。

『宗教社会学論集1』の「儒教と道教」では、「西洋では工業がその特別な出生地になった合理的な経営資本主義は、形式的に保証された法と合理的な行政と司法がなかったこと、行政や司法の業務の収入源化の他に、ある種の心情的基盤がなかったことによっても妨げられた」と書いている(木全徳雄訳『儒教と道教』一七八頁、創文社、一九七一年。以下「儒教と道教」と記す。*I/19* S. 284)。近代資本主義が生まれなかった原因として、宗教とは別に、産業の経営に関わる法制度のちがいをあげているのだ。

ウェーバーの博士論文は『中世における商事会社の歴史について』(以下『商事会社』と略す。丸山尚士訳「中世合名・合資会社成立史」kindle版、PDF版(V2.3)、二〇二〇年。英語訳も二〇〇三年に出ている)で、これが教授資格論文の一つでもあるが、そのなかではヴェネチアやジェノヴァ、ピサやフィレンツェなどの中世イタリア諸都市の会社制度のあり方を、各都市の都市法の規定から再構成している。その上で、近代の法人会社につながるような経営組織の制度は、地中海沿岸の商業ではなく、内陸部の工業から生まれたと結論した(↓一・四)。

先の「西洋では工業がその特別な出生地になった」はこれにもとづく。「プロテスタンティズムの倫理と資本主義の精神」でも、『商事会社』を参照指示している。その上で「こうした生活様式の生成は、近代資本主義の精神の多くの構成要素と同じく、一つ一つの根源は中世に遡るが、禁欲的プロテスタンティズムにおいて、初めて一貫した倫理的基盤を見出した」と位置づけた(大塚訳三四〇〜四一頁、*1/18 S. 461–62*)。ウェーバーは最初から宗教以外の要因にも目配りした上で、それと宗教倫理との関連性を考えていたのだ(↓二・二)。

機械好きで計算好き

次に②に関していえば、ウェーバーは一九〇四〜〇五年以降、その仮説を検証するために西欧と中国、インドなどとの比較研究に乗り出す。詳しくは二・一で述べるが、そこで採用された「適合的因果」という方法は自然科学から来ており、現代の統計的因果推論と同じものだ。彼が提唱した理解社会学という方法論も、現在の知識を使えば、数理的にモデル化できる(↓三・四)。

だから、①は部分的には正しいが、②はほとんどまちがっている。そうした誤解もウェーバーを不当に旧く見せてきた。むしろ①での会社の法制度への注目や、②での科学的な因果同定手続きなどでは、彼の研究は今もしっかり活きている。それらをふまえれば、彼が残した膨大な研究の全体像も明快に描ける。

序・一で述べたように、ウェーバーは社会調査や計量分析の専門家でもある。例えばウェーバー&商会の工場調査の成果を「工業労働の精神物理学について」(以下「工業労働」と略す。鼓肇雄訳『工業労働調査論』日本労働協会、一九七五年、*1/11*)にまとめる際には、機械式の計算機を使ってデータを自分で集計している。

実は幼いころから彼は機械が大好きだった。四歳のときに脱線した蒸気機関車を見たのが、「この世の偉大で美しいものの儚さの、初めての経験だった」と回想しているくらいだ(*2/4* S. 122)。一五歳の夏にドイツ最大の港湾都市ハンブルクを訪れたときには、最新の蒸気式起重機を使った荷揚げ作業に目を見張り、「都市を貫流する無数の運河」を多くの艀《はしけ》が往復する姿に興奮し、商品取引所での活発な取引に感動している(*2/1* S. 200–01)。

理論的な研究でも、「機会《チャンス》」や「平均的」といった確率的な術語を使って、社会学の基本的な概念を定義している(佐藤俊樹『社会科学と因果分析(第四刷)』岩波書店、二〇一九年)。だから数理や計量の面でも、現代の社会学にとって始まりの人だといえる(John Goldthorpe, *On Sociology* (*2nd ed.*) *vol.* 2, pp. 217–22, Stanford University Press, 2007. 竹林前掲)。「工業労働」での研究成果の一部は「プロテスタンティズムの倫理と資本主義の精神」の改訂時に、敬虔派の信仰をもつ織布工の事業感覚や生産性の高さを示すデータとして、書き加えられている。

この改訂の際、「エートス」という言葉も新たに書き加えられた。日本語圏ではウェーバーの鍵言葉とされ、特別な意味が見出されてきたが、これも先の「工業労働」や調査関連の論文のなかに「エートス学《エソロジー》」として出てくる(*I/11* S. 108, 219)。日本語訳では「人性学」と訳されているが、実はJ・S・ミルの術語で、現在の英語でいえば「社会心理 social psychology」に近い。

大学と親族

③に関しては、ウェーバーの学問論や大学論はたしかに鋭く、現在でもあてはまるところが少なくないが、彼自身の言動はそれから外れる面もあった。例えば、プロイセン邦の大学行政と人事を一手に握っていたF・アルトホフという官僚のやり方を「アルトホフ体制」として激しく非難したが、ベルリン大学の准教授に採用されるときには、そのアルトホフと個人的に取引している(上山安敏・三吉敏博・西村稔編訳『ウェーバーの大学論』木鐸社、一九七九年。佐藤俊樹「新世紀 Max Weber」『UP』五七八号、二〇二〇年など)。自分のことは棚にあげて、と言われてもしかたがないだろう。

ウェーバーの父親、名前が同じマックス(マクシミリアン)なので以下「父マックス」と呼ぶが、父マックスはプロイセン邦議会の文教関係の有力議員でもあった。ベルリン大学はプロイセンの大学だから、予算はここで審議される。マリアンネが示唆しているように、アルトホフとの取引もそれと無関連ではないだろう。

その後、正教授になった二つの大学はバーデン邦の大学だ(↓序・二)、ここで内相と首相を務めたJ・ヨリーはウェーバーの母方の伯母の夫で、両親の結婚にも深く関わっていた。ウェーバーは孤独や闘争を情感たっぷりに語るが、彼自身は生涯にわたって親族の「緊密な網の目……のなかに忠実にとどまっていた」(E・バウムガルテン、生松敬三訳『マックス・ヴェーバー5　人と業績』一〇一頁、福村出版、一九七一年)。

父マックスと指導教員のゴルトシュミットはともに国民自由党という政党に属し、帝国議会の議員として同僚だったこともある。社会政策学会も国民自由党と関わりが深い。当時のバーデンでも、国民自由党が社会民主党と選挙協力をして、政権をとりつづけていた(水戸部由枝『近代ドイツ史にみるセクシュアリティと政治』昭和堂、二〇二二年)。二つの大学の人事のときにバーデンの文相だったW・ノックも、やはり国民自由党だ。

バーデン大公国はウェーバーにとって、いわば「体制側の改革派エリート」でありつづけられる場所であった。かなり居心地が良かったのではないか。

家族史と個人史の書き換え

こうした面は従来の日本語圏ではしばしば見過ごされてきた。宗教にかなり偏った形で研究が読まれ、ウェーバー自身も宗教的な人だと見なされてきた。それは彼の家族の歴史にも及んでいる。例えば、

④政治家で俗物の父親と敬虔なプロテスタントの母親の間で育ち、子どもの頃は父親に親しんでいたが、大人になるにつれて母親とその信仰に近づいていった。

⑤ハイデルベルクの自宅に父母を招いたときに、父親と激しく対立し、自宅から追い出した。怒った父親は国外に旅行に出て、旅先で急死した。この事件が原因で、重い精神疾患に苦しんだ。

⑥その病気によって、勤めていたハイデルベルク大学を辞めた。このことが経済学から社会学に転じる大きなきっかけになり、その後は大学を離れた形で研究を進めた。

これらについても書き換えられつつある。

まず④に関して。父マックスの主な職業は「代議士」とされ、時代遅れの保守的政治家のようにいわれてきたが、実際には社会政策を主な専門とする都市行政の専門家である。経済史では「都市専門

職官僚」と呼ばれる職業だ(↓一・二)。

プロイセン王国とドイツ帝国の首都ベルリンで市の参事会員を二〇年以上にわたって務め、主に社会基盤《インフラストラクチャー》の整備を担当していた。東京都でいえば建設部門の副知事や局長にあたる職位だ。ベルリンの都市計画や下水道システムの整備で日本語圏でも有名なH・ホープレヒトも、父マックスの部下だった(『伝記』三四頁、S. 42)。若い頃は学者志望で、行政官としての専門分野ももともと「大衆貧困」対策だった。ウェーバーの母親ヘレーネは救貧活動に熱心で、父マックスの死後、無給だが、貧困対策の自治体行政官にもなる。父マックスは自由主義者で信仰には冷淡だったが、社会的な課題への関心はヘレーネと共有していた。

また、息子と同じく鉄道好きで、アメリカ大陸横断鉄道の一つがカナダのヴァンクーヴァーまで開通したときは、記念乗車に参加している。ベルリン市庁にも公共交通機関で通勤していた(Käsler 前掲 S. 150)。つまり二人とも計算好きで機械好きで、むしろ仲の良い父子だった。成人後に二人の関係は悪化するが、これにも似た者同士ゆえの反発という面がある。

仲が悪くなった原因の一つは、母ヘレーネが相続した巨額の資産だった。その収益の使い途を、父マックスは自分一人で決めていた。ウェーバーはそれを強く非難しているが、実は彼自身も結婚時の契約で、妻マリアンネの資産からの収益は、自分だけで使途を決めることができた。ウェーバー&商会の株式を相続したのはマリアンネで、その配当も売却益も本来はマリアンネのものなのだが。

例えば、結婚後にウェーバーは二人の女性と恋愛関係をもち、一九一四年の春には、その一人ミナ・トーブラーとアルプス山麓の保養地で過ごし、小旅行もしている(『伝記』三七一頁、S. 489)。当時の彼には自分の収入がほぼなかったから、その費用もマリアンネの資産収入から出していたはずだ。

⑤は有名な事件なので、何かで読んだ人もいるだろう。④の「世俗的な父／宗教的な母」というイメージと重ねあわせて、精神分析風に解釈されたりしてきたが、事件直後の父マックスの手紙によれば、衝突の後も、父と母は予約したホテルに二人で戻って宿泊している(Roth 前掲 S. 528–30)。『伝記』にも「追い出した」みたいな表現は全くない。再引用されていくうちに、勝手に物語が膨んでいったようだ。

もともとこの事件には残された資料が少ない。精神疾患の原因も、働きすぎがその一つだろうと推測できるぐらいである。当時のドイツ語圏の優秀な学者には、過労で鬱病になった人が複数いる(潮木守一『ドイツ近代科学を支えた官僚』中公新書、一九九三年)。ウェーバーだけに起きたことなのかから、慎重に考えた方がよい。

⑥に関しては、序・一で述べたように、彼は亡くなるまで「大学教授」だった(野﨑敏郎『大学人ヴェーバーの軌跡』晃洋書房、二〇一一年。同『ヴェーバー『職業としての学問』の研究(完全版)』晃洋書房、二〇一六年)。休職中も「ハイデルベルク大学教授マックス・ウェーバー」と名乗りつづけた。

実務からみたウェーバー

さらに、ウェーバーは一時期、弁護士として働くことも考えていた。こちらに関しても、

⑦弁護士などの法実務家としても優れた資質と能力をもち、大学教員の途を選んだのは主に、父親から経済的に自立するためだった。

といわれてきたが、資格試験の成績などをみるかぎり、実務家としては平凡な能力の持ち主だったようだ。

ドイツ語圏では日本の司法試験にあたる資格試験が二段階あり、両方に合格すると「判事補」という専門職になれる（↓序・二）。ウェーバーの第二次試験の成績は四段階評価の三番目、日本でいえば「可」だった。同じベルリン高等裁判所管区の受験者全体の七〇％が「可」で、その下の「不可」は一八％だから、特に悪い成績ではないが、上位一〇％あまりの成績優秀者には入れなかった（*I/1* S. 121 Anm. 53）。

これもルーマンと比べるとわかりやすい。ルーマンの第二次試験の成績は六段階評価の三番目、「優」にあたるものだった。このときの全体の成績分布はわからないが、例えば二〇一五年の第二次試験では「優」以上が一八％、その下の「良」が約四〇％、「可」が約三〇％、「不可」が約一五％。

「優」以上でないと、法律専門職として良いキャリアは望めないそうだ(村上淳一、守矢健一、ハンス・ペーター・マルチュケ『ドイツ法入門[改訂第9版]』三一五頁、有斐閣、二〇一八年)。成績評価の比率からみても、ルーマンは成績優秀者に入っていたが、ウェーバーは入っていなかった、と考えられる。

本人は大変不本意だっただろうが、周囲の人間からはもともと学者向きの人間だと見られていた。ブレーメンの商業会議所の法律顧問に応募したときも、親しくしていた伯父(正確には伯母の夫)から、余計なことはせずに早く博士論文を出した方がいい、と助言されている(2/2 S. 214–15)。ウェーバーは時間やコストの管理がとても下手だったから、伯父の助言も的確で、試験の成績も妥当なものだと思う。

もちろん、短期間にせよ、実務を経験したことには大きな意味がある。優れた研究を生み出す要因の一つになっただろうが、現場をよく知っていたというよりも、強い関心をもって眺めていた。そういった方がいい。

官僚制組織に関する研究も、そんな感じがする。『商事会社』での法制史の研究は当時としてはかなり社会学的なもので、二〇代の頃からウェーバーは組織社会学者だった。そう言ってよいくらいだが、同時に、彼の組織研究には大きな限界もあり、実際の業務とはかけ離れた部分もある。これについては第三章で主にとりあげよう。

同時代の科学と社会

このようなウェーバーの現代性は、同時代の社会の姿を映し出したものでもある。彼が生きていた当時のドイツ(ドイツ帝国)は、産業化の先進国イギリス(連合王国)に追いつき、追い越そうとしていた。世界の政治と経済の中心の一つであり、特に科学技術の面では、英語圏からも熱い視線を向けられていた。例えば、数理統計学の創始者の一人、K《カール》・ピアソンはもともとC《カール》・ピアソンという名前だった。ドイツの学術に憧れ、わざわざドイツ語綴りに改名したのだ。ウェーバーがベルリンの高校で学んでいた頃に、留学もしている。

物理学の相対性理論も量子力学も、主にドイツ語圏の研究から生み出された。A・アインシュタインの特殊相対性理論が一九〇五年、一般相対性理論が一九一五〜一六年。M・プランクによるプランク定数の導入が一九〇〇年、アインシュタインの光量子仮説が一九〇五年、ボーア－ゾンマーフェルトの原子構造論が一九一五〜一六年。一般相対性理論が発表された数か月後には、K・シュヴァルツシルトがその方程式を解いて、ブラックホールにあたる解を発見している。「プロテスタンティズムの倫理と資本主義の精神」は、そんな時代に書かれた。

社会の営みでも、都市の整備や社会政策、企業組織など、当時の産業社会の最先端にあたる領域で、ドイツの制度は注目を集めていた。そうした面でも「先進国」だった。近藤和彦『イギリス史10講』によれば(一三八〜三九頁、岩波新書、二〇一三年)、ドイツ帝国……はまた科学技術、学問の諸分野で世界を領導していた。……経済学ないし社会政策学においても……世紀転換期のドイツ・オーストリアは豊穣な知の泉であった。英独の科学技術交流の建設的で競争的な例は、枚挙にいとまがないが……イギリス側もまた積極的にドイツの社会問題／社会政策を調べた。ブレンターノの労働組合起源論に刺激されて組合や社会政策の歴史に取り組んだのは、シドニ・ウェブである。ロイド＝ジョージやチャーチルも……ドイツの社会政策に強い関心を表明していた。

一言でいえば、ドイツはイギリスに学ぼうとしていたが、イギリスもドイツに学ぼうとしていた。ウェーバー自身もそのなかにいた。彼の社会学に最も大きな影響をあたえた学者を一人だけあげるとすれば、それはジンメルでもマルクスでもなく、J・S・ミルだろう（野﨑『『職業としての学問』の研究』前掲、佐藤『社会科学と因果分析』前掲など）。

ウェーバー家の一人として

こうした「先進国」ドイツにウェーバーの家族と親族、特に父方のウェーバー家は深く関わっていた。

父マックスは鉄道好きというだけでなく、鉄道業とも関係が深く、ベルリン市政に転じる前、エルフルトという小都市でやはり市の参事会員を務めていたときは、鉄道会社の支配人の持ち家に住んでいた。その家でウェーバーは生まれる。

当時の鉄道は蒸気機関車や通信・信号の設備、トンネルや鉄橋、高架の建設や駅舎の建築など、さまざまな面で先端的な科学技術の集積体であった。それだけではない。空間的に遠く離れた人間たちの間で、リアルタイムに近い形で協働を進めていく。そうした業務を日常とする点では、時代の先端を走る組織でもあった。いわばハードウェアとソフトウェアの両面で最先端の企業だった(↓一・二)。

そんな父マックスの出身地はビーレフェルトだ。ウェーバー家はそこで麻織物を売る商会を営んでいた。近辺は亜麻の産地で、農家が兼業で織る亜麻布は一九世紀初めには、プロイセン王国の主要な輸出品の一つだった。ところが一八二〇年代にイギリスやベルギーで機械式の製糸や織物の工場がつくられて、大量生産が始まると、輸出先を失い、国内でも輸入品との価格競争に巻き込まれる。そのなかでウェーバーの伯父カール・Dはエルリングハウゼンに移り住み、ウェーバー&商会を起ち上げる。付近の農村を回り、優秀な織り手たちを組織して高品質の製品をつくらせて、高級な手織り物として売り出し、大成功をおさめる。

序・一で述べたように、このときの伯父の姿をウェーバーは、「プロテスタンティズムの倫理と資本主義の精神」で「近代資本主義の精神」を体現するものとして描いた。二〇世紀の初めには、ウェーバー&商会は機械織りに転じるが、その工場もウェーバーは調査している。

いわば産業社会のど真ん中で、ウェーバーは生まれ、育ち、活動していた。「一九世紀末のドイツは……先進国の一つであって、後進国では全くなく、欧州の周縁でもなかった」(今野前掲五〜六頁)。彼の研究を知る上でも、彼の人生を考える上でも、こうした見方が適切だと私も考えているが、そうした「先進」性は、マリアンネという女性運動家も生んだウェーバー家の方に色濃く現れている。

そんなウェーバーの社会学の出発点となり、到達点ともなったのが「プロテスタンティズムの倫理と資本主義の精神」である。この論文でウェーバーは、近代資本主義を成立させた原因の一つをプロテスタンティズムの倫理に求めた。そこで彼は何を見出したのか。その後の研究でそれがどのように展開され、さらに彼につづく新たな研究でどんな形で受け取られ、引き継がれていったのか。第一章ではそれをもう少し詳しくみていこう。

◎本書の構成をここで簡単に紹介しておく。具体的な内容はこれから解説するので、今わかる必要は全くない。読んでいく手助けとして、地図代わりに、最初にあげておくだけだ。
第一章では、「プロテスタンティズムの倫理と資本主義の精神」の最も中心的な鍵言葉で、かつ最も謎めいている「資本主義の精神」を、従来の日本語圏での代表的な読解とはちがった視点でとりあげる。

一・一では、その経営上の唯一の事例になっているウェーバー&商会がどんな企業だったのかを明らかにする。この企業は一九世紀後半の、ドイツの産業化のいわば真っただ中で創立されて、急成長を遂げる。そこには、宗教倫理はあまり関係しなかった。

一・二では、この商会の革新性をみていく。それは生産技術ではなく、分散した多数の織り手たちと小売先を結びつけたところにあった。その規模から考えて、決定を現場に委ねられる組織であり、構成員に決めなければならない自由をおくものだった。そこにウェーバーは「資本主義の精神」を見出した。

一・三では、ウェーバーのいう「プロテスタンティズムの禁欲倫理」を再検討する。その独自性はたんなる勤勉さやその強さではない。信者一人一人に神から事業が委ねられたとすることで、自分の経営や生活のやり方を決めなければならない自由をもたらす。その点で「資本主義の精神」と同型であり、近代資本主義を特徴づける「自由な労働の合理的組織」の原型の一つだと考えられるが、禁欲倫理の性格上、複数の人間が関わる組織の原理にはなれない。

一・四では、その空白を埋めるために事業形態の歴史をみていく。ウェーバーはもともと商法学者で、会社の法制史の専門家であった。二〇代の研究では「誰のものでもない」法人会社の原型を中世イタリアの工業都市に求めた。その成果が、「合理的組織」をめぐる比較社会学の出発点にもなり前提にもなっている。ウェーバーにとって宗教倫理は近代資本主義を成立させた複数の原因の、あくまでも一つであり、他の原因候補も詳しく研究していた。

第二章では第一章をふまえて、ウェーバーの研究の全体像を明らかにし、それがそのまま現在の比較史の考察とも重なることを示す。

二・一では、彼の多様で横断的な、膨大な研究群が適合的因果の方法論によって体系的に理解できることを示す。この方法では宗教倫理以外の変数も網羅的に検討する必要がある。「儒教と道教」などでウェーバーはそれを実際にやっており、中国で近代資本主義が成立しなかった直接の原因を「合理的な行政と司法」の不在に見出した。

二・二では現代の比較史の研究もふまえて、ウェーバーの近代資本主義論の論理を再構成する。同等な共同所有にもとづく法人会社が、禁欲倫理のような、事業と事業者個人を切り離す力をうけて、大規模な「人に拠らない」「合理的組織」ができる。近代的な企業だけでなく、「合理的な行政と司法」にとっても、それは不可欠な条件であった、とウェーバーは考えていた。その着想は今も活きているが、彼自身の考察は「合理的」という言葉に強く依存しており、そのため「合理的組織」がもつ独自の水平性が見落とされた。

第三章ではその限界をのりこえるために、ニクラス・ルーマンの組織システム論を導入して「合理的組織」を再定義する。それを通じて、現代の産業社会における組織の意義と位置づけをさらに考えていく。

三・一では、ウェーバーの官僚制論を再検討する。そこでは複数の合理性が明確に区別されずに並べられている。それらを区別するには、「合理的組織」の業務のあり方に注目する必要がある。

三・二では、ウェーバー以後の研究の成果として、その業務のあり方が意思決定の連鎖の形でとらえられ、それをさらにルーマンが、複数の決定の時間的分業としてとらえ直したことを解説する。それらを用いて、水平的な協働を可能にするしくみとしての「合理的組織」の挙動の特性を明らかにする。

三・三では、この時間的分業が決定の回帰的ネットワークになっており、ルーマンのコミュニケーションシステム論、すなわち社会の自己産出系論の出発点になったことを示す。こうした組織のとらえ方はウェーバーの「行動的禁欲」まで遡る。そこからウェーバーとルーマンが産業社会の解読者として、どうつながっているかも見えてくる。

三・四では、因果と意味の探究としての社会学が、ウェーバーからルーマンへどのように受け継がれ、さらに現在どう展開されつつあるかを、簡潔に展望する。

興味がある部分だけ先に読んでも全く問題ない。経営組織と資本主義にだけ関心があれば、序・一➡第一章➡第三章の順番で読んでもよい。ウェーバーの研究にだけ興味があれば、序章➡第二章➡第一章と読んでもよい。

なお、英語・ドイツ語からの引用文で原著のページ数が表記されているものは、訳書があるものでも一部改変している。

第一章　「資本主義の精神」再訪

――始まりの物語から

一　ウェーバー家と産業社会

「精神」をめぐる課題

「プロテスタンティズムの倫理と資本主義の精神」――長いので以下「倫理論文」と略すが、ウェーバーの研究のなかでも、そしておそらくは社会学のなかでも最も有名な論文だろう。これだけは読んだことがある人も少なくないと思う。ウェーバーを知る上でも、社会学を知る上でも、始まりとなる研究である。ここから現代の社会学が始まる、といってもよい。

でありながら、倫理論文は決して読みやすいものではない。N・ルーマンの著書や論文もわかりにくいといわれるが、それ以上かもしれない。「読んでみたが、さっぱりわからなかった」という人もかなりいるはずだ。

その大きな理由は題名にも出てくる鍵言葉《キーワード》、「資本主義の精神」にある。

プロテスタンティズムの倫理を近代資本主義が生まれた原因の一つとした彼の仮説は、その二つを「資本主義の精神」という環でつなぐ。にもかかわらず、それが何なのか、明確に書かれていないのだ。論文の最初のあたりで「正当な利潤を職業(使命)として体系《システマティック》的かつ合理的に追求する心情」(大塚訳七二頁、S. 185)をそう名づけると述べているが、どんな意味で「体系的かつ合理的」なのかは語られない。

そのため、これまで多くの解釈が生み出されてきた。そのうちのどれかが正解なのか、その正解探しの前に、大事な点が一つある。それを最初に押さえておこう。もしウェーバーが「資本主義の精神」の明確な定義をはっきり書いていれば、そもそもこんなことにはならなかった。その定義が妥当かどうかで激しい議論が巻き起こったとしても、「資本主義の精神」とは何かをめぐって、膨大な解釈が生まれたりはしなかったはずだ。

一言でいえば、彼自身も「資本主義の精神」とは何なのか、手探りしながら書いている。倫理論文はそういう論文なのである。何しろ社会学では必読文献とされているので、入門書や解説書ではよく「資本主義の精神」とは何か、はっきりわかっているかのように書かれているが、いやいやいやいや……解説を書かれたご本人も本当は冷や汗ものだろう。

明確に書いてあるのに読めていない、と、明確に書いてないから推測するしかない、とは全くちがう。前者の立場をとって、「ウェーバーはこう書いているのに、全然読めていない」みたいな形で議論されることもあるが、私は後者だと考えている。だから、どうすれば適切に推測できるかから考えていく必要がある。でないと、自分の思い込みをただぶつけあうだけになるからだ。

ウェーバーの名誉のためにいっておくと、彼はもともと法学、それも「実定法」と呼ばれる、具体的な制度に関する法律の専門家である。重要な概念には明確な定義をつけておく、そういう教育を受けてきた人だ。実際、ほとんどの場合、使う用語(術語)の定義はしっかり書くし、定義の形にまとめ切れなかったときも、主要な特徴を箇条がきで列記している。「資本主義の精神」の定義の不在は、例外的なことなのだ。

企業活動の実例

その意味でも、どうすればこの鍵言葉の意味を特定できるかを考える必要があるが、伝記的事実を知ることはその重要な手がかりになる。というのは、「資本主義の精神」の「例示」(同四〇頁、*1/18* S. 150)の一つとして、ウェーバーは具体的な企業活動の事例をあげているからだ。序・一でふれたウェーバー&商会である。

実は倫理論文には「資本主義の精神」の定義がないだけでなく、具体例もほとんど出てこない。論文全体でも数か所しかなく、そのなかで現実の経済活動をとりあげたものはこれだけである。B・フランクリンの『助言』やR・バクスターの説教(とされるもの→一・三)が長々と引用されるが、どちらも経済活動のあり方を直接示すわけではない。その点でも貴重な実例になっている。

さらに、このウェーバー&商会に関してはウェーバー自身が個人的によく知っており、また同時代の人々にもある程度知られていた。だからこの事例を出せば、たとえ明確な定義がなくても、「ああ、「資本主義の精神」とはこういうものなのか」とわかってもらえる。そういう事例として書かれている。

それゆえ、仮に「資本主義の精神」とは何かが本当は明確に書かれているとしても、この事例はやはり重要になる。それにうまくあてはまる具体例になっているはずだからだ。裏返せば、「資本主義の精神」の定義だといわれてきたものが正しいかどうか、正確にいえば、正しくないかどうかを、この事例から検証できる。

実際、日本語圏では、この事例はこれまで驚くような誤解をされてきた。何が描かれているか、だけでなく、いつの時代のことなのか、すらも。その意味でも「資本主義の精神」を解明する上で最も重要なデータになる。

ドイツの繊維産業における転換

なので、少し長くなるが、前後をふくめて紹介しておこう（同訳七四〜七七頁、S. 187–90）。なお原文の「亜麻」はわかりやすさを優先して「麻」にした。現在の麻糸や麻布のほぼ全ては亜麻なので、以降「亜麻」を「麻」と呼ぶことにする。

前世紀の半ばまでの問屋商人の生活は、少なくとも大陸の繊維工業のいくつかの部門では、今日の私たちの観念からすると、かなりゆっくりしたものだった。それは次のように描くことができる。農民たちは織物――(麻織物では)その大部分または全部がまだ自家生産の原料でつくられていた――を携えて問屋の住む都市を訪れ、入念な、多くの場合は公定の品質検査によって、慣例の代価を支払われた。……営業時間は長くなく……それなりの生計をともかく維持して、好景気のときには小さな資産を残すことができる程度だった。営業方針がお互いにほぼ一致していたから、同業者たちの折り合いも比較的よく、日々「クラブ」を訪れて夕べまでワインを楽しみ、女性たちが集い、生活のテンポは一般に悠長なものだった。

事業家たちの純粋に商人的で営業的な性格をみても、事業の運転には資本の介在が不可欠だったという事実をみても、また経済過程の客観的な側面や簿記の方法をみても、これはあらゆる点で「資本主義的」な形態の組織であった。けれども、事業家たちをみたしていた精神をみれば「伝統主義的」な経済だった。……

あるとき突如、この快適さが攪乱されるときが来た。といっても、組織形態の何か原理的な変化――例えば閉鎖型経営や機械式生産への移行――が全くみられないことも、しばしばだった。起きたことはむしろ程度の差はあれ、このようなことだった。

問屋商を営む家族出身の一青年が都市から農村に出かけて、自分の要求に合致する織り手を注意深く選び、彼らの従属と統制を次第に強化して、農民を労働者へ教育していった。他方で……最終的な買い手とできるだけ直接接するようにして、小売までの販路を全て自分の手におさめて、顧客を自分自身で開拓し、毎年規則的にその元を訪れて、とりわけ製品の品質を買い手の必要や要望にあわせることで、その「口にあう」ようにして、「より安くより多く」の原則を実行し始めた。

そうすると、いつでもどこでも、こうした「合理的」過程の結果となることがくり返された。とりわけ、向上しえないものは没落せざるをえなかった。激しい競争が始まるとともに牧歌は影をひそめ、巨額の財産は獲得されるが利息目当ての貸付には回されず、次から次へと事業に投資されて、ゆったりした快適な生活は、厳しい冷静さに敗れ去った。……

しかも……こうした転換を引き起したのは通常は、新たな貨幣の流入などではなく――私の知る多くの事例では、親族から借り入れた数千そこそこの資本でこの革命過程の全てが完成された――、新たな精神、すなわち「近代資本主義の精神」が侵入したことだった。近代資本主義の拡大の原動力をめぐる問いは……何よりも資本主義精神の展開をめぐる問いであるのだ。


読んでおわかりのように、ここでは実際の企業の具体的な活動が描かれている。注記では「「理念型」的にまとめ上げたもの」、すなわち一九世紀半ばのドイツの繊維産業で起きた出来事の平均的な姿だとされているが、ウェーバー&商会の関係者以外から話を聞いたことは、今のところ知られていない。その点でも、ウェーバー&商会の創立者である伯父カール・Dを写したものだ(↓序・一)。

時期は一九世紀半ば

実はこの文章中にもビーレフェルトの事例であることを示す表現が複数出てくるのだが、それはまだおいておこう。カール・Dやビーレフェルトについて全く知らなくても、「資本主義の精神」に関する重要なことがいくつか読み取れるからだ。

まず冒頭の「問屋商人」だが、これは農民たちが生産した工業製品を買い取り、広く販売する都市の商人たちをさす。本格的な産業化が始まる前に、西ヨーロッパではこうした農村での工業生産がかなり広まっていた。経済史では「プロト工業化」と呼ばれている。

つまり、麻織物業でのプロト工業化から産業化への転換をここでは描いているのだが、その時期は「前世紀」すなわち一九世紀の半ばだとされている。

・一九世紀半ば以降のドイツの繊維関連産業、特に麻織物の分野で「資本主義の精神」の侵入が起きた

とウェーバーは考えていたのだ。

実はこれだけでも大きな手がかりになる。従来の解釈ではこの点が必ずしも考慮されてこなかったからだ。

例えば日本語圏の学説研究を代表する一人であった安藤英治は、「ウェーバーは……資本主義以前の時期と資本主義形成期と現代（ウェーバーの生きていた時代）とを分けたうえで、研究の焦点を資本主義形成期においています。論文の標題にある「資本主義の精神」も実はこの資本主義形成期の「精神」として構想されているのです」とした上で、「一九世紀半ば」という時代を示す言葉には全くふれずに、この箇所を要約して紹介している（安藤編『ウェーバー　プロテスタンティズムの倫理と資本主義の精神』六二～六三、七三～七五頁、有斐閣新書、一九七七年）。ウェーバーは一八六四年生まれだから、一九世紀半ばすぎはむしろ「現代（ウェーバーの生きていた時代）」に近いが、その点は完全にぼかされている。

大塚久雄の岩波文庫「訳者解説」も、そのようにとれる書き方をしている（四〇五～〇六頁）。宗教史の立場から再検討を進めた山本通も、「農村家内工業を資本主義的に組織化する、都市出身の若い織元の例」で、B・フランクリンの著作と同じく「資本主義確立以前の時期のもの」としている（「ヴェーバー「倫理」論文における理念型の検討」橋本努・矢野善郎編『日本マックス・ウェーバー論争』六八頁、ナカニシヤ出版、二〇〇八年）。

それに対して、この事例が「一九世紀半ば」であることを明確にふまえた解説もある。例えば牧野雅彦『新書で名著をモノにする『プロテスタンティズムの倫理と資本主義の精神』』(光文社新書、二〇一一年)がそうだ。牧野が示唆しているように、これが「一九世紀半ば」の出来事だとすれば、それだけでも「資本主義の精神」と近代資本主義や産業化の関係はかなり変わってくるが、この点には少し後で戻ってこよう。

なお、倫理論文はこれまで何度も翻訳されているが、一九三八年の梶山力訳では冒頭の「前世紀」のところに「(十九世紀——訳者)」とわざわざ訳注をいれて、読者に注意を促している(梶山訳安藤編一一七頁、有斐閣刊の原著では五三頁)。岩波文庫の大塚訳はこの梶山訳を大幅に改訂・増補したものを、さらに大塚の単独訳として改訳したものだ。つまり、大塚自身はこれが一九世紀後半の事例であることをよく知っており、なおかつ岩波文庫版にはこの注記を載せなかったことになる。

倫理と資本

もう一つ、重要な点がある。先の文章には宗教(信仰)は全く出てこない。倫理論文を離れても、当時のドイツの繊維工業の経営者の間で特定の信仰が広まった、という事実は知られていない。つまり、

・宗教(信仰)なしでも「資本主義の精神」は新たな経済活動を生み出す力をもつ

とウェーバーは考えていた。

実はこの時期、ビーレフェルト近辺の農民や労働者の間では、敬虔派による信仰覚醒運動が起きていた(猪刈由紀「ヴェーバーによるドイツ敬虔派の論述」キリスト教史学会編『マックス・ヴェーバー「倫理」論文を読み解く』教文館、二〇一八年など)。ウェーバーも倫理論文の別の箇所では、敬虔派の労働者たちの事業感覚や生産性の高さを強調しており、一九〇四〜〇五年版では、それを「麻織物業に従事している親族が裏づけてくれた」とも述べている(梶山訳安藤編一一一頁、I/18 S. 182)。ウェーバー&商会の経営者の誰かから聞いたのだろう。信仰覚醒運動についても当然知っていたはずだが、全くふれていない。

したがって、「資本主義の精神」が伝播して普及していく上では宗教(信仰)は不可欠ではない、とウェーバーは考えていたことになる。ただし、宗教や信仰と全く異質なものでもない。引用した文章の少し前のところで、「資本主義の精神」は「倫理的な、色彩を帯びている」ことを強調しているからだ(大塚訳四五頁、S. 156)。その点もあらためて確認しておこう。

さらにもう一つ、

・簿記のような経営上の技法や投下される資本の量とは関係ない

ことも確認できる。

要するに、「資本主義の精神」はそれ自体としては宗教的なものではないし、経営上の技法や資本量とも関係ないが、「倫理的な色彩を帯びて」おり、そして近代の、産業社会の資本主義のしくみを営んでいく上で重要な役割を果たした。というよりも、果たす何か、なのである。そして、倫理論文の発表時点では「資本主義の精神」なしでこのしくみは営まれていることも多くなっていたが、少なくとも一九世紀半ばすぎには「資本主義の精神」にもとづくものもあった。

ウェーバー&商会が創立されたのは一八五〇年だ。その後、急成長をとげて、一八六〇年代には一〇〇〇人程度の織り手を組織する規模までになる(↓一・二)。そこにも「資本主義の精神」が生きていた。マリアンネの『伝記』では、「彼の甥マックスは後年、彼の新たな事業方式と彼のあり方を、資本主義の《精神》における近代的な企業家活動の事例として分析している」とはっきり述べている(一三六頁、S. 183)。『全集』の注記もそう位置づけている(*I/18* S. 187 Anm. *70*)。

日本語圏の解説の多くは、「資本主義の精神」をなんとなくかなり昔の、近代初期のことだと考えてきた。少なくとも、私自身はそう思い込んでいたが、実際には論文が発表される五〇年前ぐらいの出来事を、ウェーバーは描いているのである。二〇二〇年代の日本でいえば一九七〇年代、大阪万博と四大公害訴訟、そして第一次と第二次のオイルショックぐらいの時間差だ。人によって感覚のちがいはあるだろうが、このくらいだと同時代史の一部になる方が多いのではないか。

日本語圏以外では、G・ロートによる家族史の研究以降、この事例が一九世紀後半のウェーバー&商会の起業にもとづくことは常識になっている。例えば二つの倫理論文を軸にしてウェーバーの社会学の展開を跡づけたP・ゴーシュも、カール・Dとウェーバー&商会はウェーバーにとって、産業社会での具体的な企業経営を知る上で実質的にただ一つの情報源であり、フランクリンの『助言』の分析とともに、「資本主義の精神」の実例として、プロテスタンティズムの倫理と近代資本主義をつぐ環になった、としている(Peter Ghosh, *Max Weber and the Protestant Ethic*, pp. 69-76, Oxford University Press, 2014)。その上で、それが何を意味するのかを独自の視点から考察している。

「資本主義の精神」以前と以後

これらの点をふまえて、先ほどの事例に戻ろう。この文章では二つの時期が対照化されている。わかりやすくするために、それぞれ「I期」と「II期」と呼んでおくと、

I期:「資本主義の精神」侵入より前　↓　II期:「精神」の侵入以降

という形で描かれている。この時期区分はウェーバー家の歴史と重ねられている。

前半部のI期はウェーバーの祖父、つまり父マックスと伯父カール・Dの父親であるカール・アウ

グスト・ウェーバーが麻織物の商会を経営していた時期にあたる。「事業家たち」の姿も祖父を投映したものだ。文中の「「クラブ」„Ressource"」には、日本語の「　」にあたる記号が付いている。大塚訳では省かれているが、これは固有名詞を示すものなので、省くと意味が変わってしまう。

この「クラブ」とは、ビーレフェルトに実在した「会員制社交クラブ Geschlossene Gesellschaft Ressource」、通称「レスルス」のことである（*1/18* S. 188 Anm. 72 など）。一七九五年に市の有力商人たちによって設立され、上層市民の男性たちの社交場になっていた。ウェーバー家はその創立にも加わっており、カール・アウグストももちろんそのメンバーだった。つまりII期だけでなく、I期で描かれている企業の姿も実は一九世紀のものである。

倫理論文の執筆当時、一九世紀半ば頃のビーレフェルト周辺で何が起きていたかは、実際に見聞きした人もまだかなりいて、広く知られていただろう。「クラブ」の「　」にはそういう意味もある。それによって「ああ、あの頃のビーレフェルトのことだな」と察しがつく。ウェーバーもそう想定して書いていたと考えられる。

だから、ここでウェーバー家とビーレフェルトの歴史について解説しておこう。

ウェーバー家は一七世紀にザルツブルク（アマデウス・モーツァルトが生まれた都市だ）からビーレフェルトに移って来た。主要な地場産業だった麻織物に関わり、麻織物商として成功した。市の有力者の家系と代々通婚して上層市民にも加わる。ビーレフェルトで「麻織物貴族」と呼ばれていた家門の一つだった。

この地域の麻織物はプロイセン王国の重要な輸出品になっていたが、一八二〇年代以降、麻織物業でも急速に技術革新が進み、糸づくり（製糸）や布づくり（織布）が機械化されていく（ジャック・ルール、香山学監修・尾崎直子訳『リネンの歴史とその関連産業』白水社、二〇二二年など）。それによってイギリスやベルギーで安価な製品が大量生産されるようになった。

その結果、ビーレフェルトの麻織物は輸出先を失い、国内でも安値競争に巻き込まれる。地域の経済全体が衰退し、貧困に苦しむ。一八四〇年代後半には大きな飢饉も起きている。ヨーロッパ全域でジャガイモの疫病が拡がり、アイルランドでは四人に一人が亡くなったときだ。コレラやチフスといった感染症も流行した。

ウェーバー家の転回

ウェーバー家の家業も下り坂になる。カール・アウグストは市の有力者たちと共同出資した「ウェーバー、ラエル＆ニーマン商会」（一八一六年設立）を経営していたが、一八五二年に引退し商会も六〇年に解散する。

このときウェーバーの父親、父マックスはまだ一四歳だった。マリアンネは父マックスを「典型的なブルジョワで……人生には困難な問題があると認めることを原則として拒否していた」（『伝記』五一頁、S. 67)と描いているが、父マックスは一八四〇年代の飢饉や伝染病も、一八四八年のドイツ三月革命も見ている。学者ではなく政治の分野へ進んだことにも、そうした経験は関わっていたのではないか。父マックスの本来の専門だった「大衆貧困 Pauperismus」は、大量の輸入品によって地場産業が破壊されるなど、産業化の過程で地域全体が貧困化する状態をさす。当時のビーレフェルトと周辺地域は、まさに「大衆貧困」に苦しんでいた。

そんななか、父マックスの兄カール・Dは少し離れた小さな町エルリングハウゼンに移り、ウェーバー&商会を新たに創立する。ここから後半部のII期が始まる。

カール・Dは付近の農村を回り、優れた織り手を選抜していった。そして「従属と統制を強化して」織り方自体も管理するようにした。その一方で、販売先に直接出向いて、買い手の要望や需要を製品に細かく反映させた。現代風にいえば、従来の複雑な流通経路を「中抜き」して、生産者と消費者を直結させた。「eコマース」をネット回線ごと創り出した、のようなことをやってのけたわけだ。

それによってコスト削減と品質向上に成功し、商会は急成長をとげる。ドイツ国内だけでなく、スペインやロシア、第二帝政期のフランスの宮廷でも、その製品が使われるようになった。そうした転換をウェーバーは「「より安くより多く」の原則を実行し始めた」と表現している。

うっかり読むと誤解しやすいが、これは、大量生産によって安価な製品をつくれるようになった、という意味ではない。生産と流通のプロセスを直接管理することで、より高品質の製品をより安く供給するしくみをつくった。それによって機械織りの大量生産品に対抗しつつ、得られた利益の多くを再投資して企業規模を拡大し、さらに厳しい競争にも耐えられるようにした。それがカール・Dのやったことで、そこにウェーバーは「資本主義の精神」を見出したのである。

カール・Dの大成功は「ビーレフェルトの同じ身分の人々の強い不満を買ったが、やがて彼らも後追いを始めた」とマリアンネは書いている(『伝記』一三六頁、S. 182)。カール・Dはウェーバー家の家業を立て直した。それも伝統を復活させたのではなく、新しい事業形態を編み出して、傑出した企業に育て上げた。「彼の新たな事業方式と彼のあり方を、資本主義の「精神」における近代的な企業家活動の事例として分析している」というマリアンネの解説は、だからかなり的確な要約になっている。少なくともここで何が書かれているかを、彼女は大塚久雄や安藤英治よりも正しく理解していた。

あたりまえといえばあたりまえで、ウェーバー&商会の歴史は彼女自身の歴史でもある。マリアンネ(旧姓シュニットガー)はカール・Dの長女の娘で、カール・Dが実質的な保護者だった。カール・Dは一九〇七年に亡くなるが、それ以降、ウェーバー夫妻は彼から相続した商会の株式の配当収入と売却益で暮らしていく。倫理論文で描かれた「資本主義の精神」の侵入は、ウェーバー家の衰退と復活の物語でもあり、ウェーバー夫妻自身の物語でもある。

ビーレフェルトの麻織物の衰退

そしてそれは、ビーレフェルトとその近郊地域の経済の再生の歴史でもあった。

一九世紀初め頃のドイツ語圏には、麻織物の輸出で繁栄していた地域が他にもいくつかあった。そのなかでビーレフェルトと近郊地域は産業構造の転換に成功して、ドイツの麻織物業の中心地として生き残る。その背後には地域全体の経済の大規模な再編があった。

幸い、これに関しては馬場哲「地域工業化と工業都市の誕生(1)(2)」(『経済学論集』六四巻四号・六五巻一号、一九九九年)という、優れた経済史の論文があって、どんなことが起きていたかが日本語で読める。まさにI期からII期への転換にあたる時期がとりあげられていて、カール・Dやカール・アウグストの商会のことも出てくる。これを大きく参考にさせてもらって、この事例の背景をさらに明らかにしていこう。

一九世紀前半の、つまりI期までのこの地域の麻織物業には、「レッゲ Legge」と呼ばれる独自の制度があった。近郊の農家は麻を栽培し、麻糸をつくり、その糸で織った製品をビーレフェルト市の「レッゲ」に持ち込む。そこで検査をうけて合格したものを、市の織物商たちが買って、各地に売り込んでいた。

ウェーバーが「農民たちは織物――(麻織物の場合)その全部か大部分はまだ自家生産の原料でつくられていた――を携えて問屋の住む都市を訪れ、入念な、多くの場合は公定の品質検査をうけてから、慣例の代価を与えられた」と書いているのは、そのことをさしている。「公定の品質検査」を行うのがレッゲだ。

つまり、倫理論文のこの文章は、ビーレフェルト地域という特定の事例を具体的に描いているのである。「伝統的な「問屋制度」は都市で形成されたが、新たな問屋は、ほぼ近代以降都市から農村に移ってそこで事業を行った」(竹林前掲二二三頁)みたいな、経済の発展段階論の例示ではない。都市か農村かでいえば、マリアンネも示唆しているように、出てくる事業家は全て都市の人間、はっきりいえばビーレフェルトの上層市民である。この点も日本語圏では誤解されてきたので、確認しておこう(→一・二)。

カール・アウグストの商会も、レッゲを通じて麻織物を買い付けていた。I期で麻織物の生産を管理していたのは織り手の農家で、上層市民たちは製品の買い取りと販売だけに携わっていた(J・コッカ、山井敏章訳『資本主義の歴史』九二頁、人文書院、二〇一八年)。つまり、ビーレフェルトの商人たちは「問屋」だが、「前貸問屋」ではなかった。商品の品質を保証するのもレッゲの検印で、個々の織り手や商人が自分で信用を創り出す必要はなかった。ウェーバーが描いた、祖父の時代のあの牧歌的な生活はこのような産業の構造による。

しかし、安価な麻織物が工場で大量生産されるようになると、地域全体が苦境に追い込まれる。「大衆貧困」に沈むなか、飢饉と感染症にも襲われる。いうまでもなく、この当時、世界各地で同じようなことが起きていた。

ビーレフェルトの麻織物の再生

ビーレフェルトの人々、特に「麻織物貴族」と呼ばれた上層市民たちも手をこまねいていたわけではない。彼らがとった主な対抗策も、当時、各地で試みられていたものだった。富裕な家が主な出資者になって、最新の技術を導入し、輸入品に対抗できる工場を起ち上げる。それによって独自の生産ラインをつくり、品質も各企業が管理するようにした（馬場前掲(1)一八頁）。特に大規模な工場では、製糸から染色、織布までの一貫生産がめざされた。先ほどの引用でウェーバーが「閉鎖型経営や機械式生産への移行」と呼んでいたものだ。

言い換えると、ビーレフェルト地域の麻織物産業の再生は、主には「閉鎖型経営や機械式生産への移行」によって成し遂げられた。現在のビーレフェルトには、その産業遺構が公園と公共施設として残されている。「麻織物貴族」のなかでも最上位にあったデリウス家の当主、H《ヘルマン》・デリウスらによって創立された「ラーヴェンスベルク紡績工場」の建物と跡地だ。デリウス家はビーレフェルトの市長も出してきた名門で、もともとは機械式生産の導入に強く反対してきた。レッゲの制度の下でうまくやってきたわけだから、当然の態度ともいえるが、若き後継ぎのヘルマンは、輸入品によって衰退していく現状に強い危機感をもち、イギリスの大規模な製糸工場や織布工場などを自分の目で見てきた。

そして周囲の協力をえて、一八五四年に新たな株式会社「ラーヴェンスベルク紡績工場」を起ち上げ、自分も出資して株式の募集を始める。正式の設立は翌五五年、五七年には最新技術を導入した新工場が稼働する。この工場は「紡績」すなわち製糸工場だったが、会社は当初から織布の仕上げまでの一貫生産を考えており、六二年には同じ敷地内に「ビーレフェルト機械式織布工場」も創立される。法人としては別の会社だが、役員会のメンバーはほぼ重なる。こちらは六四年に稼働を始めた(馬場前掲(2)三八〜四二頁)。その後、紆余曲折はあったが、二つの会社は次第に成長していき、織布工場の方は大陸ヨーロッパで第一位の規模にまで成長する。

H・デリウスは家業の麻織物商から引退して工場の経営にあたり、会社は「彼の創造物」ともいわれた。その経営能力と革新性が高く評価されたわけだが、成功した理由はたんに専門家を招いて最新技術を導入したからだけではない。高度な専門知識をもつ技術者に工場の運営を任せて、会社の経営の一部も委ねた。それによって新工場は安定して操業できるようになった。この点は次の一・二にも関わるので、頭のどこかにおいていてほしい。

つまり、最上層の市民で、伝統ある名門商家の後継ぎが従来のやり方を棄てて、全く新たな企業をつくり、新しい産業形態を自らの手で導入した。そうやってビーレフェルトは生き残りに成功したのだ。デリウスらの新会社の前から、機械式工場を設立する試みはいくつもあった。そのなかでもボジ兄弟商会が起ち上げた新工場は一八五一年に稼働を始め、さまざまな困難をぶつかりながら少しずつ規模を拡大していた。デリウスらにも大きな刺激になったようだが、兄弟の父親はハンガリーに入植していたドイツ系移民の生まれだ。こちらもやがて株式会社化されて、六九年にはボジ兄弟が経営から退く。その後は専門経営者の下で、デリウスらの二つの会社と並ぶ「ビーレフェルトの3大麻紡織企業のひとつとして発展」していく（馬場前掲⑵三八頁）。

それに対して、上層市民の商人たちによる試みの多くは失敗に終わった。ウェーバーの祖父カール・アウグストたちの商会も失敗したらしい（Roth 前掲 S. 251）。

「変革」の果てに

ウェーバーが倫理論文で「資本主義の精神」の侵入の具体的事例としたのは、このような変化だったのである。上層市民たちにとって、それは文字通り生存競争でもあった。馬場によれば（前掲⑵四八～四九頁）、

ビーレフェルトのすべての麻織物商人がこうした環境変化に対応できたわけではない。……成功した例としては、一八六〇年代に……一〇〇〇人近い麻織布工を問屋制的に雇用するまでに業務を拡大したC・ヴェーバーを挙げることができる。しかし他方で、著名な商人のなかからも麻織物取引から手を引く者が続出し、F・フォン・ラエルはビーレフェルトを離れ、ヴェーバー、ラエル＆ニ

ーマン商会、ベルテルスマン&ラーベ商会、ベーケマン&ヴェッセル商会などが店を閉めた。そしてその結果、三〇〜四〇年代には約五〇存在した麻織物商会の数は六〇年代半ばには三〇にまで減少した。

厳密には推測になるが、ここにもしっかりウェーバー家は顔を出している。「成功した例」の「C・ヴェーバー」はカール・Dとウェーバー&商会のことだろう。一方、「店を閉めた」なかの「ヴェーバー、ラエル&ニーマン商会」がカール・アウグストの商会だ。ウェーバー家が「麻織物貴族」の一員だったことがあらためて確認できる。

まさに「向上しえないものは没落せざるを得なかった……激しい競争が始まるとともに牧歌は影をひそめ、巨額の財産は獲得されても……後から後から事業に投資され……気楽な生活は失せはてて、厳しい冷静さがそれに代わった」。そんな闘いが展開されたわけだが、そのなかでウェーバー家は勝ち残る。カール・アウグストの商会は解散したが、出資金はウェーバー&商会の増資に回され、その急成長を支えたのではないか。カール・アウグストは裕福な元事業家として、かなりの資産を残している(Käsler 前掲 S. 72)。

率直にいえば、ウェーバーは勝者の立場でこの「資本主義の精神」の侵入を描いている。それも忘れない方がよいだろう。カール・Dの主な相続人の一人はマリアンネで、その夫ウェーバーは結婚時の契約によって彼女の資産収入を自由に使えた(↓序・二)。そう取り決めたのはカール・Dと父マックスの兄弟だ(Roth 前掲 S. 550)。結婚後のウェーバーの恋愛関係にもかかわらず、二人の間に愛情があったことは疑いないが、その結婚はウェーバー家の財産保全戦略の一部でもあった。

そして、そうであるとともに、これはやはり貧困と飢餓と疫病に苦しむ地域経済の再生の歴史でもある。倫理論文を読んだ同時代人の多くは、そうしたウェーバー家とビーレフェルト周辺地域の歴史もある程度知っていただろうし、ウェーバーも知られていることを知っていたはずだ。「プロテスタンティズムの倫理と資本主義の精神」はそんな論文なのである。

二　二つの戦略ともう一つの資本主義

産業化への対応戦略

少し長くなったが、ここまでの解説でとても興味ぶかいことが一つある。気づかれただろうか。この事例では同時期に展開された二つの「変革」が描かれている。ビーレフェルトの上層市民、「麻織物貴族」たちは一つではなく、二つの戦略で産業化の大きな波を乗り越えようとした。一つは[A]H・デリウスらの新会社と新工場の途で、もう一つが[B]カール・Dのウェーバー&商会の途である。「商人たちは二つの可能性をもっていた、……機械化または問屋制生産である」(Roth 前掲

S. 253)。そのうちの一方、［B］だけにウェーバーは「資本主義の精神」を見出した。

経営の規模からみてもその後の都市史からみても、地域全体では麻織物業の再生は主に［A］によってなされた。けれども、やはり世界各地で見られたように、近郊農村の織り手たちは貧しくなっても、できるだけ村にとどまろうとした。そのため、デリウスらの新会社もボジ兄弟の会社も、特に設立当初は工場の労働者不足に悩まされたが、そのおかげで、ウェーバー＆商会はより安い報酬でより優秀な織り手を確保できたはずだ。

［B］には機械設備も工場用の敷地も要らない。織り機は一人一人の織り手の自宅にある。織り手にとっても、村にとどまれるという利益がある。その分、コストはさらに下げられる。だからこそ、ウェーバー＆商会は価格と品質の両面で、機械織りの大量生産品とその技術革新に対抗できたのだろう。人によってはそこに「伝統主義」の克服ではなく、「伝統主義」を利用した搾取を見出すかもしれない。

つまり、この二つの対応戦略は対照的であるだけでなく、相補的なものでもあった。［A］では、まず何よりも膨大な資金がいる。「ラーヴェンスベルク紡績工場」設立時の株式募集額は当時の通貨で一〇〇万ターラー（設備資金が六六万で運転資金が三四万）、会社の資本金は二〇〇万ターラーで、応募で五〇万を調達できれば事業を始めることになっていた。ボジ兄弟の商会が株式会社化された際の募集額は四〇万ターラーだ（馬場前掲(2)三六～三八頁）。

一ターラーは約三マルクにあたる。つまり、輸入品に対抗できる水準の最新技術を導入して機械式の製糸工場を稼働させるには、一二〇万〜一五〇万マルクの資本が必要だった。それに対して、[B]の方は倫理論文によれば「数千そこそこ」で十分だった。四〇〇〇ターラーだとしても[A]の一〇〜一二分の一、二ケタちがう。

必要な資本と技術の比較

必要な資本（元手）の金額は、もちろん分野によっても、導入する技術の新しさの程度によっても異なる。デリウスやボジ兄弟らの新工場は、最新式の大規模なものだったようだ。J・コッカは一八五〇年時点で工場起ち上げに必要とされた資本額として、精錬所で二〇万〜三〇万ターラー、高炉＝パドル結合工場で一〇〇万ターラー、中規模の機械工場で六万強、機械式の製糸工場や織布工場、製紙工場への投資額としては一万五〇〇〇〜五万、といった数値を紹介している（加来祥男編訳『工業化・組織化・官僚制』一七五〜七六頁、名古屋大学出版会、一九九二年）。

規模や業種のちがいはあるだろうが、ビーレフェルトの上層市民たちも不要な投資は避けたかったはずだ。国外の最新の工場に対抗するには一〇〇万マルクを超える投資が必要だ、と判断したからこそ、それだけのお金を投じたのだろう。むしろここまで思い切った投資をすることで、ビーレフェルトの麻織物業は生き残れたのではないか。

それに対して、［B］の「数千」は、コッカがあげた資本額と比べても一ケタから二ケタちがう。もう少し身近な金額をあげれば、ウェーバーが生まれたとき、父マックスはエルフルトの市参事会員だった（→序・二）。日本でいえば小さな市の助役にあたるが、年俸は八〇〇ターラー（二四〇〇マルク）。また一九世紀半ば頃のエルフルト市の労働者家族の年収は、好景気の時期で一〇〇〜二〇〇ターラーだった（ともに Käsler 前掲 S. 121）。

倫理論文が発表された頃だと、工業・手工業部門の労働者の年間所得が一九〇五年で九二八マルク、一九〇七年で一〇一八マルク（雨宮昭彦『帝政期ドイツの新中間層』二三三頁、東京大学出版会、二〇〇〇年）。ほぼ一〇〇〇マルクだ。ウェーバーがあげた「数千そこそこ」という金額がどのくらいのものか、具体的にわかるだろう。

もっと大きなちがいがある。［A］の方は高度な知識と経験をもった専門的な技術者を複数、雇い入れる必要がある。日常的な生産工程のメンテナンスにも、技術者が必要だ。地場の麻織物産業の衰退はプロイセン王国にとっても大問題で、さまざまな支援策をとっており、技術専門学校も設立された。デリウスたちの新会社も起ち上げ時には、政府の監督をうける代わりに、税金の減免処置をえている。ビーレフェルトの経済再生にはプロイセン国家も積極的に関わっていた。

カール・Dの「動員忌避」

しかし、カール・Dはこうした産業再生策の恩恵にはあずかれなかった。実はプロイセン王国内で彼は会社を経営できなかったのである。ビーレフェルトに住むことも歓迎されなかったらしい。

それには彼の過去が関係している。一八四八年の三月革命はドイツの国民国家づくりでもあった。その際、大きな問題となったのが、シュレスヴィヒとホルシュタインという二つの地域だった。二つは当時、デンマーク領とデンマーク国王の領地だった。革命の担い手だったフランクフルトの国民議会も、プロイセン王国も、その統合をめざしてデンマークとの戦争を始める。「シュレスヴィヒ・ホルシュタイン戦争(第一次)」である。

当時、カール・Dは二〇代で「ウェーバー、ラエル&ニーマン商会」の経営にも参加していたが、この戦争に動員される。彼はそれに応じず、スペインへ出国した。要するに「動員忌避」したわけだ(Roth 前掲 S. 251–53, Käsler 前掲 S. 109–10)。戦争は二年ほどで終わり、カール・Dもビーレフェルトに戻るが、プロイセン王国内での会社経営を禁じられる。動員逃れではなく商会の営業の一環だった、と弁明したが受け入れられず、結局、ビーレフェルトを離れることになる。

そして近郊の小さな領邦、リッペ侯国のエルリングハウゼンに移り、そこでウェーバー&商会を起ち上げた。ウェーバー家はプロイセン王国の都市ビーレフェルトの「麻織物貴族」の家門だが、ウェーバー&商会はエルリングハウゼンに本拠を置くリッペ侯国の企業である。

カール・Dは商才に恵まれた事業家で、大成功をおさめたが、プロイセンとドイツ統一のためには戦わなかった。三月革命の国民議会にも背を向けた。それによって、プロイセン王国では会社を経営できなくなり、産業支援策も受けられない立場になった。デリウスらの新会社に参加するのも、むずかしかったのではないか。その代わりに、リッペ侯国の小さな町で新たな事業を起ち上げた。ウェーバー家の「資本主義の精神」の歴史はそこから始まる。カール・Dの「動員忌避」から全てが始まった、といえなくもない。

マリアンネの『伝記』にはこうした経緯は全く書かれていない。彼女もウェーバー家の一人なのだが、『伝記』はウェーバー家ではなく、ウェーバーの母方のファレンシュタイン家から始まる。その冒頭で描かれるのは母方の祖父、G・F・ファレンシュタインだ。貧しいが熱烈な愛国者で、プロイセン国王の呼びかけに応じて義勇兵となり、若き妻を残して一八一三年の対ナポレオン戦争に赴く。その姿は、そのままカール・Dの反転像でもある。もしウェーバーの母方と父方の影響のちがいを論じるのであれば、こうした語られざる事実も考慮した方がよいだろう。

ウェーバーも伯父の「動員忌避」については何も語っていない。だから全ては推測になるが、熱烈なナショナリストであったことや、プロイセン王国とドイツ帝国の軍人貴族「ユンカー」に対する態度にも、「動員忌避」者が築いた資産で裕福な生活をしていたことが翳を落としていたのかもしれない。倫理論文でのこの事例が、ドイツの国民経済の再生の物語であることにも、また別の意味があるのかもしれないが、ウェーバーの思想や政治的立場はこの本の主題ではないのでおいておく。

カール・Dの経営戦略

一言でいえば、カール・Dは［A］の対応戦略を採れなかった。多額な資金を集めることも困難で、国家の支援は受けられず、専門的な技術者を雇い入れるあてもなかった。「親族から借り入れた数千そこそこの資本で」始めるしかなかった。そこで彼が採用した経営戦略が次のようなものだった。

> ……農村に出かけて、自分の要求に合致する織り手たちを注意深く選び、彼らの従属と統制を次第に強化して、農民を労働者へ教育していった。他方で……小売までの販路を全て自分の手におさめて、顧客を自分自身で開拓し、毎年規則的にその元を訪れて、とりわけ製品の品質を買い手の必要や要望にあわせることで……「より安くより多く」の原則を実行し始めた。

エルリングハウゼンの近郊も麻織物の産地で、やはり苦しい状況におちいっていた。カール・Dはそうした村々を回り、腕の良い織り手だけを選び出して、従来よりも高い品質の麻織物をつくらせた。それを「手織りの高級品」として販売して大成功をおさめたのである。

つまり、大量の安価な輸入品に対して、デリウスらは巨大な資金（資本）を集めて、最新技術を導入した一貫生産の大工場を都市につくり、より安く大量生産することに成功した。それに対して、小さな資金しかなかったカール・Dは農村を回って、買い手側の希望や必要により細やかに応じて、高品質の製品を少量ずつ生産するしくみをつくりあげた。そちらの方にウェーバーは「資本主義の精神」を見出したのだ。

いうまでもなく、[A]も[B]も特異なものでない。安価な輸入品の大量流入に追い詰められた地場残業が、いつでもどこでも、採ってきた生き残り策だ。ウェーバーが経済学を教えていたバーデン大公国の隣邦、ヴュルテンベルク王国の麻織物業でも時計製造業でも、この二つの途が推奨されている(森良次『一九世紀ドイツの地域産業振興』京都大学学術出版会、二〇一三年)。

重要なのは、そのどちらもがつねに競争にさらされていることである。[A]の大量生産の大工場にもつねに競争相手が現れる。それに対抗して、さらに最新技術を導入して、より安価に製造できる工程へと革新していかなければならない。[B]の高品質少量生産にもつねに模倣者が現れる。「同じ身分の人々の強い不満を買ったが、やがて彼らも後追いを始め」る。大量生産の工場も品質を向上させつづける。だから、[B]の企業もつねに、より高い品質の製品をより低いコストでつくれるように革新していかざるをえない。

他方で、生産管理の面では二つは大きくちがう。[A]では一つの工場の内部に全ての工程をおさめた「閉鎖的経営」の形をとることで、集中的に一元管理できる(図1-1a)。[B]では製品の作り手は

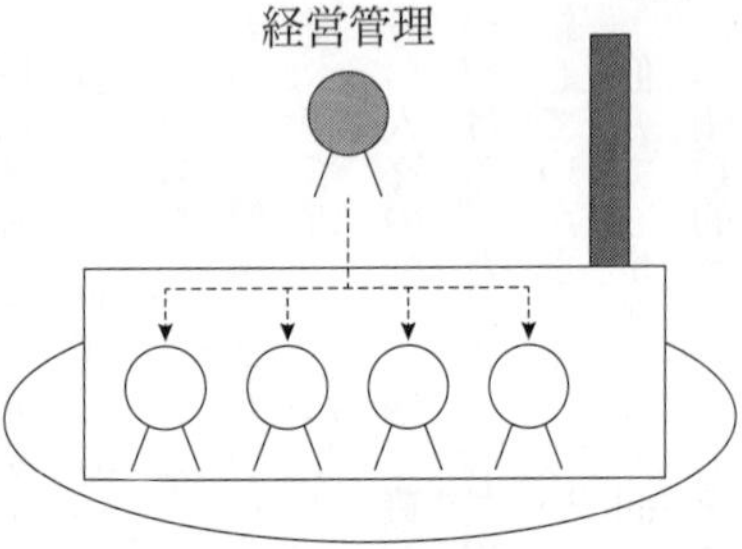

図1-1a　[A]「閉鎖的経営」の大工場

分散している。それゆえ、個々の製品の品質管理も最終的には一人一人の作り手に任せるしかない。新たな織機の導入や習熟など、他の[B]型や[A]型の品質向上に対抗して工程を改善していく上でも、最終的には一人一人の作り手が頼りだ。他に生き残る途がなかったカール・Dは、とりわけ起ち上げ期には、それこそ「生命がけで」織り手を選んだだろう。腕の良い織り手がいると聞けば、辺鄙《へんぴ》な小さな村にも足を運んだのではないか。

　現代的な言い方をすれば、自律分散的なネットワーク型生産方式。カール・Dが創り出したのはそんなしくみだったと考えられる（**図1-1b**）。生産拠点を一か所に集中させない、工程を常時監視していないという意味で、「閉鎖型経営」とは対照的なやり方だ。

　それをカール・Dは大きな企業に育てていった。

　一八四〇年代のビーレフェルトの問屋制麻織物での、一企業当たりの織り手の人数は平均すると一〇〇人未満だった（馬場前掲⑴一九頁）。[A]の代表格であるボジ兄弟の紡績工場、「ラーヴェンスベルク紡績工場」、「機械式織布工場」の労働者数も、一八六五年でそれぞれ八〇〇人、一四七〇人、四〇五人である（馬場前掲⑵四四四頁）。「問屋制を組織して、最終的には一〇〇〇人の貧困化した織り手を集めた」(Roth 前掲 S. 254) ウェーバー&商会が生産面だけでも、どれほど大きな企業だったかがわかる。

これだけの数の織り手を一人で管理することはできない。カール・Dは、いくつかの地区ごとに担当者を置いて、彼らを通じて織り手を選抜したり、必要な指示を出させたりしていただろう。もちろん、それぞれの織り手は村にいるから、担当者も生産工程を直接監督できたわけではない。

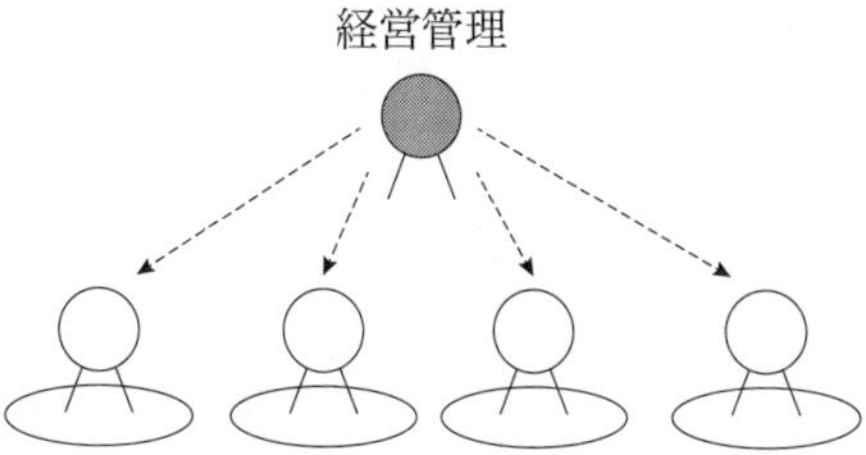

図 1-1b [B]ウェーバー & 商会の分散型生産

大量生産システムの機能的代替物

だから、この商会の製品は「手作り」だが、商会の経営は「手作り」ではない。

販売面でも[B]は顧客の要求に細かく応える分、より多くの管理が必要になる。製品を画一化しないというのは、どの顧客の要求にどの程度応えるのかを決めた上で、その製品をどんな織り手に作らせるのかも決めていく――そうした膨大な判断の作業を企業の側でこなしていくことでもある。求められる意思決定の量も連絡の量もはるかに大きい。それに対応できなければ、事業を継続できない。

織り手の数が従来の一〇倍であれば、販売量はそれ以上の規模になる。買い手を細かく回って希望や必要を聞き出すだけでも、カール・D一人ではこなせない。ウェーバー&商会は小売業にも力をいれていた。こちらも地区別に担当者を置いて分業していたはずだ。

ウェーバーが倫理論文で「資本主義の精神」の事例としてあげたのは、そういう企業なのである。一八六〇年代には商会は、生産部門でも販売部門でも、中間管理のための組織をすでにそなえており、部門間でも必要な情報のやりとりをしていたと考えられる。そうやって、商会への信用(信頼)も独自に創り出していった。

「五二年から麻織布業における問屋制は、問屋商人に雇われたファクター(中間親方)が品質向上に努めたり顧客の特殊な希望に沿えるようになったりした」(馬場前掲(1)一九頁)。「ファクター」は当時の会社法では、役員の「代理人」として業務にあたる人をさす。これが中間管理者だったのだろう。ウェーバー&商会の分散型生産は旧き良き職人の伝統を引き継ぐものではあったが、企業としてはむしろ高度にシステム化されていた。ビーレフェルトの商人たちが「後追いを始めた」のも、実際にはこの点かもしれない。

要するに、技術革新による安価な大量生産のしくみに対抗して競争できるしくみを、新しい技術の代わりに、生産と販売に関わる一人一人の自律性と創造性によって、すなわち働く人間たちの心情によって、実現する。それが[B]の途である。まさに「資本主義の精神」だ。

このようなしくみが一般的にありうるのかに関しては、慎重に考えた方がよいだろう。一時的には、つまり特定の技術体系に対しては成り立つだろうが、恒常的に成立するかどうかはわからない。ウェーバー&商会も一九〇三年には機械織りの工場をつくって［A］に転じる(Roth 前掲 S. 254)。起業の五〇年後には［B］を棄てて、デリウスらの会社と工場を後追いする形になったが、裏返せば、その転換に必要な資金と信用はもっていた。ウェーバー&商会の分散型のネットワークは、半世紀の間はうまく作動しつづけたことになる。

ウェーバー&商会の事例からもう一つ明確になることがある。

エルリングハウゼンに移った後も、カール・Dの次女と三女はビーレフェルトの伝統的な事業家の家系の男性と結婚し、三女の配偶者とその親族が商会の後継者になる。つまり、この会社の経営者たちは都市の伝統的な商人貴族だった。ウェーバー自身もこれは「小売業」での「革命の一事例」、つまり商業での革新だと明言している(大塚訳七四頁、S. 187、雨宮前掲一四六頁も参照)。

現代の経済学でいえば、カール・Dは新たなしくみをつくって、取引費用の大幅な削減に成功した。それをウェーバーは「資本主義の精神」の事例としたのだ。商業資本から産業資本へというマルクス主義の発展段階論や、農村の小規模生産者が都市の伝統的な商人資本を駆逐していったという大塚久雄の産業化論とは、むしろ対照的な位置づけだ。

この事例が経済史の上でどこまで代表的かは私には判断できないが*、ウェーバーの近代資本主義論がマルクス主義の経済学や大塚史学とは異なることは、この事例だけでいえる。その点でも、梶山の訳注を大塚が削除したのは大きな意味をもっていた(↓一・二)。

＊問屋制の織物業が生産管理を工夫することで生き残った事例は、同時期のデンマークにもある。岡崎哲二『コア・テキスト経済史[増補版]』(新世社、二〇一六年)の第七章参照。

鉄道会社の時代

カール・Dが起業した一九世紀半ばの時期には、この地域の麻織物産業にとって重要な出来事がもう一つ起きている。鉄道の開設である。

一八四三年に「ケルン・ミンデン鉄道会社」が設立され、ビーレフェルトと他の都市を結ぶ鉄道の建設が始まる。ケルンは大聖堂で有名なあのケルン、ミンデンはヴェーザー川沿いの要塞都市だ。鉄道は二年後に開通し、ベルリンとルール地方やライン川沿岸が結ばれた。一八五五年までにはハンブルクやブレーメン、フランクフルトなどの主要都市が鉄道で結ばれるようになる(木村靖二編『ドイツ史』二〇〇頁の路線図、山川出版社、二〇〇一年など参照)。

鉄道によって人間や物資の移動が容易になれば、麻織物の販路も大きく拡がる。買い手の需要も直接把握しやすくなるので、高品質少量生産には特に有利な条件になっただろう。一八五〇年代のウェーバー&商会の大成功の背景には、このような施設基盤《インフラストラクチャー》もあった。

実際、倫理論文で描かれているように、商会の経営者が農村の織り手たちの統制を強めながら、小売までの販路を管理するには、鉄道や通信が欠かせない。その点でも、この事例は一八世紀や一九世紀前半のものではありえない。

鉄道の開設には別の意味もある。このとき、ビーレフェルトの人々は、初めて近代的な企業運営に具体的に接したのではないだろうか。線路の敷設を例にとるとわかりやすい。工期を短くするには、線路を複数の工区に分けて同時に建設する必要がある。その場合、各工区の工事は互いに連絡を取りながらも、独立して進められる。

長距離列車の運行にも同じことがいえる。線路にそって複数の管区が置かれ、長距離列車はそれらを横断する形で走る。管区からみれば、お互いに連絡をとりながら列車を受け渡していく。鉄道網が発達して、長距離列車を乗り継ぐようになれば、なおさらそうなる(A・D・チャンドラー、丸山惠也訳『大企業の誕生』ちくま学芸文庫、一九八六年など)。そもそも長距離列車が走り始める前は、都市ごとに、時計が示す時間がちがっていた。鉄道ができて初めて、都市間で同じ時間が共有されるようになった。

一つの課業《タスク》を、空間的に離れた部署の間で、同時多発的に業務していく。近代的な組織の最大の特徴はそこにある。現代風にいえば、複数の自律的な単位による分散処理のネットワークこそが、近代的な組織の強みなのである(Charles DeLano Hine, *Modern Organization*, the Engineering Magazine, 1912 など)。上意下達の階統制《ヒエラルキー》は、それを実現するための手段の一つであって、それ自体が近代的な組織なのではない。むしろ上意下達を強く推し進めれば、各単位の自律性は失われる。上からの命令をいちいち待って動くようになり、同時処理できなくなるからだ。それでは遅すぎるのだ。

鉄道と時間、商人と法学

この点では、近代的な組織を未だに誤解している人が多い。たしかに上からの命令は必要だが、それは上からの命令によって、下の単位が同時多発的に業務できるように調整できるからである。逆にいえば、そのためではない命令は、むしろ業務の邪魔になりかねない。

第三章であらためてふれるが、ウェーバーもこの点は明確にはわかっていなかったようだ。業務を時間的に管理するのも下手だった。法律専門職の第一次国家試験でも課題の提出期限に遅れて、延長願いを出している(2/1 S. 596–98, *1/1* S. 111 Anm. 7)。博士論文も学術的な水準は素晴らしいが、職業キャリアを考えると、もっと短いものをもっと早く出すべきだった。ハイデルベルク大学での年下の同僚であり、第一次大戦後のヴァイマル共和国では司法相も務めたG・ラートブルフや、ウェーバーの一つ年下で、父親がビーレフェルトの工場主だったためか、ベルリン大学では貴重な気のあう同僚でもあった民法学者のP・エルトマンもそうしている(山田訳『ラートブルフ著作集10　心の旅路』東京大学出版会、一九六二年、2/2 S. 423 など参照)。

特にラートブルフの博士論文はJ・フォン・クリースが提唱した「適合的因果」をとりあげたもので、ウェーバー自身の社会科学、とりわけ因果分析の方法論に大きな影響をあたえた(↓二・一)。学術上の独創性でいえば、ウェーバーの博士論文と同等以上の意義がある。革新的な内容のものをできるだけ早く発表するのも、研究者の重要な能力の一つである。ぐずぐずと手元においたことで、ウェーバーは博士論文を教授資格論文の一つとして提出するという、異例なやり方を願い出ざるをえなかった(↓序・一)。

それだけみても、業務の時間管理が苦手で、それが現実にはどれほど切実なのかも、わかっていなかったか、目を背けていたのだろう。だから彼の官僚制論を読むと、骨格しか書かれていないように感じる。時間のことにもふれているが、抽象的で表面的な議論しかしていない。現場の人間としては決して有能ではなかったろうな、と痛感させられる瞬間の一つだ。

事業家と組織

例えばドイツの鉄道は(悪い意味で)「官僚制的」だといわれてきたが、鴋澤歩『鉄道のドイツ史』(中公新書、二〇二〇年)などによれば、一九世紀後半のドイツの鉄道会社にも業務単位の自律性という考え方はあった。「カウフマン原則」と呼ばれている。

これも興味ぶかい。「カウフマン Kaufmann」は「商人」と訳されることが多いが、工場主もそう呼ばれる。現在の日本語でいえば「事業家《アントレプレナー》」が一番近い。ビーレフェルトで織物商を営み、エルリングハウゼンでは織物工場を経営したウェーバー家の人々も、もちろん「カウフマン」だった。

ウェーバー&商会の経営にとっても鉄道は大きな後押しになったが、その影響は販路の拡大だけではなかったかもしれない。自律的な作り手たちによる分散型の生産拠点と、それを中間管理する担当者たちの組織。そうした経営戦略と組織づくりの上でも、カール・Dは鉄道会社の経営を参考にしたかもしれない。

工場経営の解説書でも、一八七〇年代になると、現場の責任者をつくり、それにいかにうまく権限を委ねるかが重要な論点になってくる（岡本人志『19世紀のドイツにおける工場の経営に関する文献史の研究』文眞堂、二〇一八年）。ドイツの産業化の特徴として、大規模な経営がイギリスよりも早く、そして急速に普及したことがあげられるが、そのためには巨額な資本を調達するだけでなく、大規模な事業を管理する組織づくりが不可欠だった。ドイツの近代資本主義はその課題を解決しなければならなかった。

それゆえ、[B]だけでなく[A]にとっても、**決定を委ねられる**組織づくりは重要だった。ただ[A]では従業員の多くは単純労働にあたり、決定に関与するのは一部の管理職にかぎられる（田中洋子『ドイツ企業社会の形成と変容』ミネルヴァ書房、二〇〇一年など）。同じ敷地に集められているので、監視もしやすい。それに対して、[B]では優秀な織り手を選抜して雇っており、製品は分散して生産される。それぞれの工程を監視することもほとんどできない。その意味で、いわば全員に対して企業活動に関わる管理と意思決定が委ねられていた。

このような、いわば離れた人間たちを結ぶ組織づくりは、一八五〇年代のアメリカ合衆国の鉄道会社から始まったとされているが、アメリカでも繊維業は一九世紀終わりまで旧い事業形態が残り、生産と販売が分離していた(チャンドラー前掲)。ウェーバー&商会は世界的にみても、先端的な企業だったのである。

少し先回りして述べておくと、この点で、[B]型の企業組織はプロテスタントの「信団《ゼクテ》」とも同型になる。『宗教社会学論集1』では倫理論文の後に、「プロテスタンティズムの信団と資本主義の精神」(以下「信団論文」と略す)という短い論文が付けられて、英語で「信仰者たちの教会 believers' Church」と呼ばれるプロテスタント独自な信者団体のあり方がとりあげられる。それが「信団」だが、なぜこれが「資本主義の精神」と関わるのか、不思議に思えるかもしれない。

実はプロテスタンティズムの禁欲倫理の下では、一人一人の信者が自分の信仰生活を自分で決めていかなければならない。構成員全員に決定が委ねられざるをえない点で、[B]の自律分散型のネットワークと「信仰者たちの教会」は共通しているのである(↓一・三〜四、二・二)。

もう一つの、仮想的な資本主義

話を戻そう。

技術の水準だけでみれば、ウェーバー&商会は最新の機械織りの技術はもてなかった。にもかかわらず五〇年以上も競争を生き残ってきた。そのような商会の歴史をふまえれば、新たな大量生産のしくみに並行する形で、少なくとも数十年間は「より安くより多く」を維持できるような、もう一つの代替的なしくみを「技術」ではなく、「精神」によって実現できる――ウェーバーがそう想定したとしても、現実的でないとはいえない。

そして、その想定が成り立つとすれば、新たな技術による安価な大量生産のしくみが確立される前に、「資本主義の精神」によって「より安くより多く」生産できるしくみが実現できていた。そう考えることもできる。つまり、**近代資本主義が確立する前でも、後でも、「資本主義の精神」によって「より安くより多く」を継続的に実現するしくみは出現しうる。**一九世紀半ばに設立されたウェーバー&商会に「資本主義の精神」を見出すことで、そういう考え方が可能になるのである。

わかりやすくするために、資本主義が確立する前の「より安くより多く」を継続できるしくみを〈しくみX〉、確立した後に並行して見出される「より安くより多く」のしくみを〈しくみY〉と呼ぼう。もしウェーバー&商会のような〈しくみY〉にあたる事業が一つでも見つかれば、それによって、〈しくみX〉があったのではないかという仮説にも信憑性が出てくる。実際、カール・Dがつくりあげたしくみには、生産技術の面では特に目新しいものはない。従来通りの手織りだ。だからこそ、デリウスらが採用した新技術が出現する前の時代でも、ウェーバー&商会のようなしくみは実現しうる（通信や交通手段によって規模はかなり制約されるだろうが）。

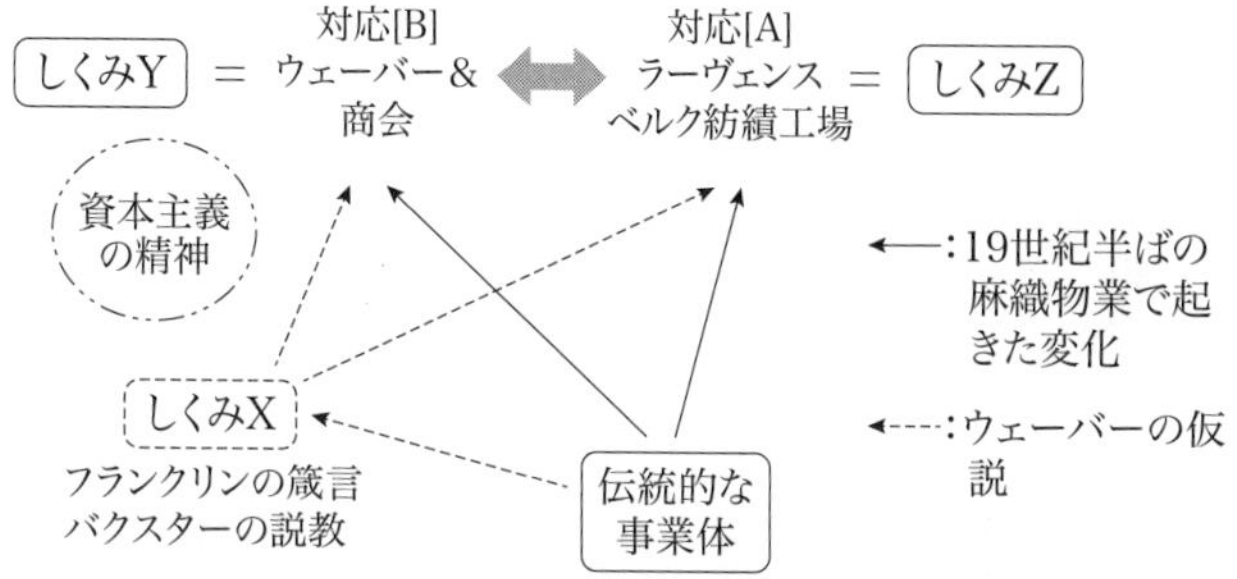

図 1-2　伝統的な事業体から近代的企業への転換

ウェーバー&商会をはじめ、倫理論文に出てくる経済活動の実例は、ほとんどが一九世紀のものである。それを理由にして、だから倫理論文は社会科学の研究として破綻している、という見方もあるが(H・シュタイナート、佐々木博光訳『マックス・ヴェーバーに構造的欠陥はあるのか』ミネルヴァ書房、二〇二一年)、私はこれは的外れだと思う。一九世紀半ば以降の事例でも、新たな技術なしで同等に競争できた事業であればよい。その技術が出現する前の時代にも同じような事業がありえた、といえるからだ。

要するに、〈しくみY〉の具体的な事例を一つあげられれば、〈しくみX〉にもとづくもう一つの近代的な資本主義もありうる、と想定できる。そのような書き方をウェーバーはしている。

わかりやすく整理すれば、**図1-2**のようになる。実線は実際に観察されたもの、点線はウェーバーが想定した経路を示す。

ウェーバーとフーコー

それがこの論文の独特な読後感を生み出しているのではないか。

〈しくみY〉に関しては、ウェーバーは実例をもっていた。けれども、そこからいえるのは、厳密には〈しくみX〉がありえた可能性だけだ。〈しくみX〉の具体的な事例をウェーバーはあげていない。

それでも、機械式の大量生産技術にもとづく現在の資本主義、いわば〈しくみZ〉の資本主義以外にも、近代的な経済のしくみがあってほしいと願う人々にとっては、光が一筋、射してきたように思える。あえてキリスト教的に喩えれば、救済の可能性が示されるからだ。それに対して、そうでない人々には、「あるある」詐欺にすら見える。「あるぞ」「あるぞ」と言いながら、具体的な証拠はないからだ。夢物語につきあわされた気分になる。

良くいえば「信じる者は救われる」、悪くいえば「イワシの頭も信心から」。倫理論文は論理構成上、そうならざるをえない。発表当時から激しい毀誉褒貶にさらされたのも無理はない。

社会科学の仮説としては、すでに述べたように、〈しくみZ〉の工場にも現場に決定を委ねられる組織は欠かせない。だから、〈しくみY〉にもとづいて〈しくみX〉を想定し、それが〈しくみZ〉を創り出す要因の一つになったという可能性も十分に想定できる。一・三以降でみていくように、その発見的な意義は少なくないが、逆に意地悪な見方もできる。

〈しくみX〉の有無にかかわらず、〈しくみZ〉に〈しくみY〉を組み込むことはできる。現場に決定を委ねられる組織、という共通性があるからだ。それがうまくいけば、経営者による一元的で集中的な管理も省力化できる。実際、ウェーバー&商会は二〇世紀初めには機械織りに転じる。従業員を一つの敷地内に集める「閉鎖型経営」に移行したわけだが、その数年後にこの工場を調査したウェーバーは、そこで働く敬虔派の労働者たちに「資本主義の精神」と同じものを見出している（大塚訳三三、三六〜三七、六八、七〇頁、S. 146–47, 182）。この新工場もうまくいき、ウェーバー&商会は一九七〇年代までエルリングハウゼンを代表する企業として生き残る。

そう考えていくと、倫理論文と実質的に同じ論理を展開した有名な著作が一つ、思い浮かぶ。M・フーコーの『監獄の誕生』（田村俶訳、新潮社、一九七七年）だ。一望監視施設《パノプティコン》の一元的で集中的な管理のしくみが、一人一人の心のなかに植えつけられている――フーコーは近代社会をそのような形に読み解いた。その一人一人の心のなかにある何かは、「資本主義の精神」と同じ性格のものだと考えられる。その意味では『監獄の誕生』は倫理論文、すなわち「プロテスタンティズムの倫理と資本主義の精神」の焼き直しになっている。

「資本主義の精神」は「倫理的な色彩を帯びて」いるとウェーバーは述べているが（↓一・二）、これも同じ考え方で説明できる。監視なしに自発的に自己管理するのだから、それは倫理と等価な何かになる。宗教ではなくても、いや宗教ではないからこそ、倫理には見えるわけだ。

「自由な労働の合理的組織」へ

ビーレフェルトの経済史からは、他にもいくつか興味ぶかいことがわかる。

低品質の大量生産品に、買い手側の要望をより良く反映できる高品質の少量生産で対抗する。そうした発想自体はカール・Dの起業以前にもあった。ビーレフェルトでも一八三〇年代に、A・W・キスカーが共同出資で新たな商会を創り、高級麻織物の生産に乗り出している。「敷地内の三つの作業場に合計二九台の織機を備えるとともに、周辺地区の少なくとも五四人の織布工と五〇～六〇人の製糸工を問屋制的に雇用し」「品質の絶えざる改善に支えられて」、ロシアや北欧、中南米諸国まで販路を拡大した。食卓用布では四三年以降、プロイセン王室御用達になる（馬場前掲⑵四九頁）。

つまり、高級品の少量生産だけであれば、ウェーバー&商会創立より前に、すでに成功事例があった。カール・Dももちろん参考にしただろうが、キスカー自身は「ラーヴェンスベルク」の設立に参加しているにもかかわらず、この商会は急激な成長はしていない。商会の製品が「手作り」だっただけでなく、商会の経営も「手作り」だったのではないか。

だとすれば、カール・Dの本当の革新性は、分散型の高品質少量生産のしくみづくりではなく、それを大規模に拡大できる組織づくりにあった、と考えられる。個々の織り手だけでなく、中間管理者にも決定が委ねられ、同時多発的に業務を処理できる組織を編み出した。そこにカール・Dの独創性があったのではないか。

序・一でもふれたが、ウェーバーは近代資本主義の決定的な特徴を「人に拠らない」、「（形式的に）自由な労働の資本主義的－合理的組織」、「家計と経営の分離」にもとづく「合理的な資本主義的経営組織」、「自由な労働の合理的組織をともなう市民的な経営資本主義」、「産業的で市民的な労働の合理的で資本主義的な組織」「合理的で市民的な経営と労働の合理的組織のエートス」といった言葉で表現している*。

　これらは特に一九二〇年刊の『宗教社会学論集1』以降の研究で、何度もくり返される(↓二・二)。以下「(自由な労働の)合理的組織」と呼ぶことにするが、ウェーバー&商会の経営をふまえると、それで何をとらえようとしていたのかも、もっと具体的に見えてくる。

　これはマルクス主義の経済学でいう「二重の意味で自由な労働者」、すなわち自分の労働力を市場で売ることができる、そして売るしかない労働者による組織とは異なる。正確にいえば、そういう意味でも自由なのだが、もっと重要で、もっと切実で、もしかするともっと苛酷な「自由」がもう一つある。それは、組織の各構成員がそれぞれの職務内で**自由に判断できる**、そして**自由に判断するしかない**。そういう自由だ。

　むしろこの第二の意味で、近代的な「合理的組織」は「自由な労働」にもとづく。それによって同時多発的な業務処理が可能になる。第三章であらためて述べるが、『宗教社会学論集1』が刊行された五〇年余りの後、N・ルーマンはそれを、組織における意思決定連鎖のモデルを用いて理論化する。**図1-3**のようなものだ。そこから組織の自己産出系論が生まれてくる。

＊「人に拠らない(人格非依存的な)《インパーソナル》」はウェーバーの術語で、特定の誰かに強く結びつかない形で営まれるこ

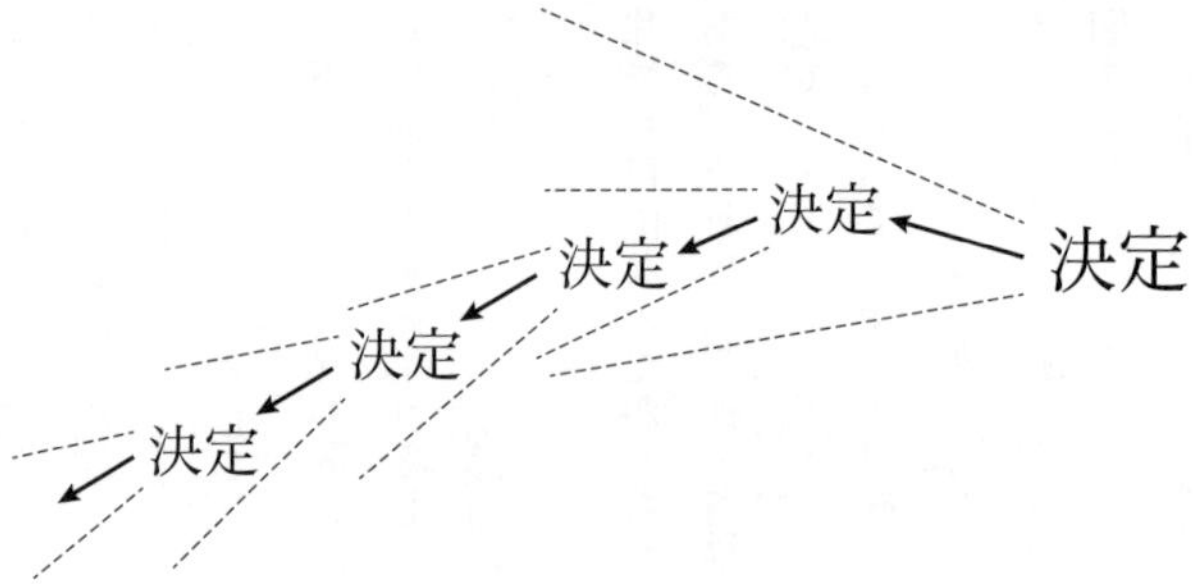

図1-3　組織の意思決定の連鎖

とをさす。組織の場合は、事業が特定の個人(例えば指導者)や集団(例えば家族)に帰属せず、それゆえ原則として誰もが参入/離脱でき、業務の上でも特定の誰かが特別扱いされないことをさす。これらの点で「合理的組織」の特徴と重なる。詳しくは一・三〜四を参照。

ウェーバーの研究の読み方

ウェーバー自身はそこまで明確には述べていないが、「資本主義の精神」にもとづくしくみは大量生産システムの機能的代替物であり、それゆえ価格と品質の激しい競争のなかでも規模を拡大していける。そうした性格をもつことは、先ほど引用した文章のなかでもはっきり述べている。自分が何を見出そうとしているかは、直感的にはわかっていたのではないか。

だからこそ、彼が著書や論文でどんなことを書いたかだけでなく、それを通じて何を具体的に見ようとしていたかが重要になる。ウェーバーはそんな社会学者であり、ルーマンもそうだ。だから思想や哲学としてよりも、社会科学の経験的な研究として読むのが一番面白いし、楽しい。

裏返せば、ウェーバーもルーマンも、彼らが見ようとしたものを十分に言語化できているわけではない。だからこそ、彼らが見ようとしたものを、背景知識を補足し、より適切な術語系や表現を用いて書き直していく。それが彼らの研究を引き継ぐ良い途になる。一・一と二でやってきたのもそういう作業だ。

三 「禁欲倫理」の謎解き

残された謎——倫理論文の論理構造

ここで議論をいったん整理しておこう。

ウェーバーは倫理論文で、プロテスタンティズムの倫理が近代資本主義を成立させる原因の一つになった、という仮説を立てた。そして、この原因候補と結果をつなぐもの、すなわち媒介変数として、「資本主義の精神」を想定した。さらに、近代資本主義の決定的な特徴を「自由な労働の合理的組織」だとした。つまり、

プロテスタンティズムの倫理　↓　「資本主義の精神」　↓　「自由な労働の合理的組織」

という因果の経路を、少なくとも一九二〇年の時点では主張していた。

この仮説で最も重要な部分は、「資本主義の精神」をどう定義するかである。にもかかわらず、それが倫理論文のなかでは明示されていない。そこにこの論文の特異なわかりにくさがある。

一・一〜二では、ウェーバーが「資本主義の精神」の具体例としたウェーバー&商会に注目して、その解決を図った。この商会のことを彼はよく知っており、その上で「資本主義の精神」の事例に使ったと考えられるからだ。ウェーバー&商会に関しては他にも資料があり、それで補完もできる。この事例だけで「資本主義の精神」を特定できるとはかぎらないが、この事例と明らかに矛盾するものは「資本主義の精神」とはいえない。

そこからうかびあがってきたのは、**決定を委ねられる**組織とそのなかで決定をしていく人々、言い換えれば、**決めなければならない自由**を生きる人間たちの姿であった。それらをうまく束ねることで、ウェーバー&商会は急成長を遂げることができた。そこにウェーバーは「資本主義の精神」を見出したと考えられる。

ではこの仮説の前半部についてはどうだろうか。

ここにはさらに別の問題がある。倫理論文の「プロテスタンティズムの倫理」の説明には、宗教史の研究から厳しい批判が寄せられている（キリスト教史学会編『マックス・ヴェーバー「倫理」論文を読み解く』前掲など)。ウェーバーの仮説のうち、「自由な労働の合理的組織」と「資本主義の精神」には具体的な対象があるが、「プロテスタンティズムの倫理」は実在の宗教倫理ではなく、ウェーバーの想像物である可能性がある。

また、ウェーバー以降の歴史学の研究のなかで、実際のプロテスタンティズムがどんなもので、その信仰がどのように働いたのかに関しても、より多くのデータと考察を通じて、新たな姿が示されている(キース・ライトソン、中野忠・山本浩司訳『イギリス社会史 1580-1680』ちくま学芸文庫、二〇二一年など)。それらを無視して、実在したプロテスタンティズムの倫理の影響を語るのは、もはや学術的とはいえない。

それゆえ、仮説の前半部の検討は、実際の因果の経路を考えるというよりも、むしろウェーバーの仮説の整合性を確かめる作業になる。ウェーバーのいう「禁欲倫理」がどのようなものなのかをみていくことで、彼のいう「資本主義の精神」や「自由な労働の合理的組織」とは何かを、別の角度から検討する。図1-2でいえば〈しくみY〉と〈しくみZ〉に共通する性格を、彼のいう「禁欲倫理」の特徴の方から探っていく。そういう作業になる可能性が少なくない。

その点は最初に断っておこう。むしろ、こういうアプローチから読んでも倫理論文は十分に面白い。そう考えてもらえるとありがたい。

禁欲倫理の主張点

実は倫理論文では「プロテスタンティズムの倫理」からの影響として、二つのことが述べられている。［1］禁欲を通じて強い勤勉さをもたらしたことと、［2］「社会的な組織づくり」への関与である。倫理論文の紹介や解説には［1］だけをとりあげたものも少なくないが、ウェーバーの社会学にとっては［2］も重要になる。とはいえ［1］の方が圧倒的に有名で、これまでの議論ともそのままつながるので、まず［1］から見ていこう。その後で［2］にもふれる。

ウェーバーは、プロテスタンティズムの倫理が禁欲を強く推し進めたと主張した。規律正しい経済活動によって生産性や利潤を高めただけでなく、浪費や贅沢などの消費を抑制することで、得られた利益の多くを再投資に回す方向に働いた、と主張した。

そうした特徴は彼が「禁欲的プロテスタンティズム」と呼んだ宗派のうち（↓序・二）、特にカルヴァン派（カルヴィニズム）に典型的に見られる。カルヴァン派は預定説と呼ばれる教理をとった。これは、神はどの人間が救われる（＝正しい）か、あらかじめ決めている、けれども、人間の側は、誰がそうなのかを知りえない。それゆえ、自分は救われる（＝正しい）方だということを二次的に証示しようとして、厳しい生活規則を自分に課して、勤勉に働いた。その結果、信者たちは経済的に成功して大きな富を蓄積した、それが近代資本主義を起動させる原因の一つになった、とウェーバーは考えたといわれてきた。

一・二でみてきたように、倫理論文は少なくともこうした因果だけを主張したものではない。「資本主義の精神」の具体例には、たんなる勤勉さ以上のものがあるからだ。カール・Dの生活も特に質素なものではなかったが、この勤勉さの主張は倫理論文の発表当時から大きな話題になり、そして多くの反論が寄せられた。倫理論文のなかで最も有名であるとともに、最も厳しく批判された論点でもある。

批判と応答

主な反論は二つある。一つは、プロテスタンティズムの倫理は実際にはウェーバーが考えたようなものではなく、カルヴァン派の預定説も誤解されている、というものだ。これは深刻な問題で、倫理論文で引用された牧師のR・バクスターの説教集にも、B・フランクリンの『助言』にも、かなり恣意的な史料操作がなされている。『職業としての学問』の厳正な学術論からすれば、少し驚くくらいのものだ(↓序・二)。

これに関しては、すでに述べたように宗教史の分野で詳細な検討がされている。ここではこれ以上立ち入らないが、もしも、実際のプロテスタンティズムの倫理が勤勉さを通じて近代資本主義を成立させた、と主張するのであれば、真剣に考慮する必要があるだろう。

もう一つの反論は、禁欲を求める倫理はプロテスタンティズムにかぎらず、さまざまな時代のさまざまな宗教や社会に見られる、というものだ。特に争点になったのは西ヨーロッパ中世の修道院での禁欲の位置づけだ。キリスト教の修道生活では一般に厳格な生活規制が敷かれ、浪費や贅沢は厳しく禁じられた。そのなかでも西ヨーロッパの修道院は、たんに消費を抑制しただけでなく、生産活動にも従事していた。それゆえ、規律正しい生活によって経済活動での生産性や利潤を高めただけでなく、消費を抑制することで、得られた利益の多くを再投資に回した、という主張ならば、中世の修道院にも十分にあてはまる。

こちらに対してはウェーバーも想定して、反論を準備していた。これも二つある。(1)プロテスタンティズムの倫理が中世の修道院の禁欲から影響を受けたことは認めた上で、修道院は「世俗外」で禁欲していたが、プロテスタンティズムの禁欲は「世俗内の職業生活」のなかで実践された。そのちがいが決定的だったとした。さらに(2)プロテスタンティズムの方がより徹底的だった、つまり禁欲の強度が大きくちがっているとした。

改訂版の倫理論文でも、こうした再反論を大幅に増補している。そのくらい熱心に論じた、裏返せば、そのくらい重大な疑問点をつきつけられたわけだ。実際、ウェーバーの再反論もよく考えるとかなり無理がある。「資本主義の精神」とは何かとも密接に関わってくるので、少し詳しくみていこう。

世俗内と世俗外

(1)からいえば、たしかにカトリックの修道院では、一人一人の修道士は世俗から切り離されていたが、今日でも「修道院ビール」や「修道院ワイン」があるように、中世の修道院は優秀な製品をつくりだす生産拠点でもあった。それゆえ規模を拡大する傾向があり、それが警戒もされていた。修道院自体は世俗内で経済活動をしていたわけだ。そもそも西ヨーロッパの修道制では教理上、修道士は聖職者ではない。フランク王国の時代から、修道院は貸付などの金融業もやっていた（佐藤彰一『贖罪のヨーロッパ』中公新書、二〇一六年）。

(2)に関しては、禁欲の強度を検証できる量的なデータは存在しない。そうした場合、単純な量的比較は水掛け論に終わる。どちらの信仰がより真面目なものかの争いになってしまうからだ。「信用は金」のような信用重視の事業経営も世界中で知られており、それらの間の強度の比較ももちろんできない。

つまり、(1)も(2)も十分な再反論にはなっていない。これらの点で、カトリックの修道院の禁欲との間には、決定的なちがいといえるものは見出せない。プロテスタンティズムの禁欲倫理に独自性があると主張したければ、プロテスタンティズムの事業者とカトリックの修道院という、二つの経済活動の主体の間に、もっと形態上の大きなちがいを見出す必要がある。それこそ、二つの宗教倫理が同程度に厳しく禁欲を求めるものだとしても、成り立つようなちがいを。

ウェーバー自身は明確な議論を組み立てられていないが、実は一つ、そういうちがいを考えることができる。

カトリックの修道院での具体的な生活規制は、修道院や修道会ごとに決まっている。伝統的には修道院の長が決めるもので、正式に制度化されるときにはローマ教皇の認可が必要になる(杉崎泰一郎『修道院の歴史』創元社、二〇一五年など)。改定や追加もできるが、基本的にはそれぞれの修道院や修道会の創始者が定めたものを引き継ぐ。つまり、カトリックの修道院での具体的な生活規制は個人単位では変更できない。

それに対して、プロテスタンティズムの禁欲での具体的な生活規制、すなわち事業の進め方や消費生活のあり方は、信者である事業者個人が決めなければならない。模範的な規則集とされるものも出回っていたが、そのなかでどれを選ぶかは、あくまでも信者である事業者個人に任される。そこで適切な規則を選べるかどうかが、本人が正しい信仰をもっているかどうかの判定基準になる。正確にいえば、正しい信仰をもつといえる必要条件となっている。つまり、プロテスタンティズムの禁欲では、具体的な生活規制を**個人単位で決めなければならない**。

では、そうやって決めたやり方が適切かは、どうやって判定できるのか。――それは経済活動の結果で判断するしかない。選んだやり方で事業や生活を営んで、もし経済的に成功すれば適切であったとされ、成功しなければ適切ではなかった、とされる。

そう考えれば、ウェーバーが注目した「世俗内/世俗外」の区別にも、新たな意味が見出される。

プロテスタンティズムの禁欲の下での生活規制の適切さは、経済活動の成功という世俗内的な基準で判断されるしかない。それに対して、カトリックの修道院の生活規制の適切さは、その創始者の信仰の正しさという世俗外的な基準で決まる。だから、前者は世俗内禁欲で、後者は世俗外禁欲になる。カトリックの修道院が世俗的な経済活動にどれほど強く巻き込まれていたとしても、この点では世俗外禁欲になる。

神の決定と人の決定

プロテスタンティズムの世俗内禁欲では、この生活規則の選択、つまりどんなものが適切な生活規則かを決めることが、信者である事業者一人一人の、**個人の決定に委ねられる**。そこに大きな特徴がある。その点をふまえると、この禁欲倫理は、神の決定と人の決定という、二つの決定を接続させたものになっている。

まず「この人間は救われる」という神の決定があり、その下で人間は、「自分は救われる」ことを二次的に証示するために、事業の進め方や消費生活のあり方を決定する。つまり、できるだけ事業が成功するように、最大限の努力を払って決めていくわけだが、どう決めるかは、信者である事業者個人に任されている。図に描けば、**図1-4**のようになる。

あれ、どこかで聞いた話だな、と思った人もいるかもしれない。そう、これ、現代の会社での「インターン」や「非正規雇用」によく似ている。そういう形で働く人たちは、正社員になれるよう、正社員以上に役に立つことを示さなければならない。会社の事業により貢献できるよう、自分が一番役立つやり方を選んでいく。その判断が適切にできたかどうかで、正社員になれるかどうかも決まる、とされている。

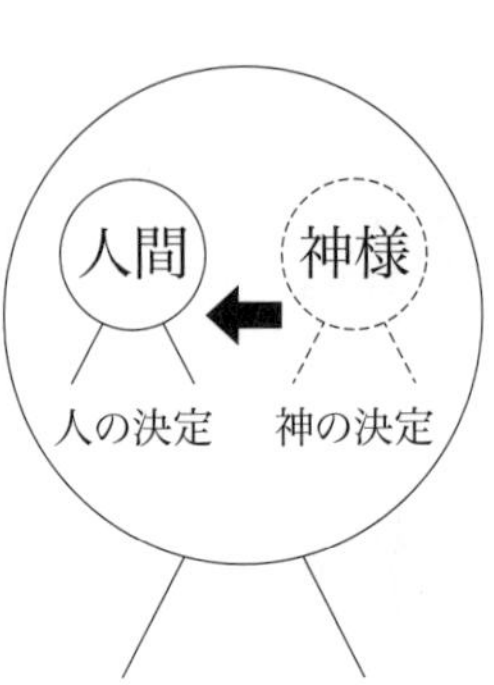

図1-4　プロテスタンティズムの「世俗内禁欲」

　この場合、本当は正社員への採用／不採用は最初から決まっていたとしても、当人たちには明かされない。だから「正社員になれるのだろうか」と強い不安を抱えながら、その不安に駆り立てられて、いっそう真面目に働く。けれども、もしそれによって会社の業績があがったとしても、正社員でない人たちの給与があがるわけではない。

　プロテスタンティズムの世俗内禁欲でも同じことになるが、こちらでは実際に働く人間は一人なので、事業が成功しているにもかかわらず、事業者自身の生活水準はあがらない形になる。それどころか、どれほど働いていても正社員採用（＝救済）が確定することはない。いわば「神」会社の「仮社員」のまま、一生、勤勉に働くしかない。そう言い換えれば、とても現代的に見えてくるのではないだろうか。

　この禁欲倫理ではそういう形で、事業者である信者個人と事業の運営が、個人の内で明確に分離されている（↓図1－4）。「人間は委託された財産に対して義務を負っており、奉仕する管理者として、あるいはまさに「営利機械」としてそれにしたがう」「生活の聖化はこうしてほとんど事業経営の性格すらもつようなものになりえた」（大塚訳三三九、二一四頁、S. 461, 338）。倫理論文では「資本主義の精神」の重要な「例示」として、フランクリンの『助言』の文章が出てくる。そのなかにウェーバーは「自己目的として前提されている自分の資本を増加させることへの関心を、各人の義務とする考え方」（同四三頁、S. 155）を見出しているが、それにもこのあり方はそのままあてはまる。

あえてわかりやすくいえば、プロテスタンティズムの禁欲倫理は定員一名の独立修道院（修道会）みたいなものだ。定員一名の独立機関だから、規則を実際に決めるのは信者自身で、監督するのも信者自身になるが、修道院という機関と信者個人は区別される。「一人会社《いちにんかいしゃ》」での法人と従業員との関係と同じようなものだ。

参入の自由と決定の自由

ウェーバーが考えた「プロテスタンティズムの禁欲倫理」では、実際には当事者が全てを決める。その点できわめて能動的《アクティヴ》で、自発的《ヴォランタリスティック》だが、決めること自体は神によって決められている。それをウェーバーは「行動的禁欲 aktive Askese、すなわち……神の道具であるという感情をもって聖なる意志にそうよう行為すること」と表現しているが（「世界宗教の経済倫理　序論」大塚久雄・生松敬三訳

『宗教社会学論選』六六頁、みすず書房、一九七二年、*I/19 S. 107*)、本当に重要なのはその「行為すること」のしくみだ。神の決定と人の決定という二つの決定を組み合わせる形で、この「行動的禁欲」は成立している。そこにこの倫理の独自性がある(→三・三)。

そこから、禁欲倫理の影響にも新たな可能性が出てくる。近代資本主義を特徴づける「自由な労働の合理的組織」にも、同型のしくみが見出されるからだ。

一・二で述べたように、「合理的組織」の「自由」は二重の意味がある。一つは、その組織に所属するかどうかを決める自由だ。就職選択の自由、従業員になるかどうかの自由だともいえる。もう一つの「自由」はその組織に所属した後で、どのように働いていくかを従業員個人が決められる自由、というか**決めなければならない自由**だ。第一の自由を「参入の自由」だとすれば、第二の自由は「決定の自由」ともいえる。

「会社員は機械の歯車だ」としばしば言われるが、たんなる機械の歯車であればむしろ楽だ。ただの歯車ではない、どう働ければ会社の事業により貢献できるかを、つねに自分自身で考えていなければならない。だからこそ苦しい。たとえ、何か良い案が見つかったとしても、自己保身や事なかれ主義に走る上司に却下されたりすることまでふくめて。

その苦しさの根源は、どう働ければ事業に貢献できるかを、つねに自分自身で考えていなければならないところにある。もしそれが本来の姿だとされていなければ、どんな馬鹿げた指示でもただ従っていればよい。それで給料をもらって、退勤後の自分の生活を愉しめばよい。「決定の自由」があるからこそ、働くのは（楽しいこともあるが）苦しくもなる。プロテスタンティズムの禁欲倫理でも、そこは同じだ。

修道院の世俗外禁欲には、第一の自由＝「参入の自由」はあるが、第二の自由＝「決定の自由」はない。修道院に入るかどうかを自分で決める自由はあるが、入った後でどんな規則に従うかに関しては、自由はない。それは修道院や修道会によって、すでに決められているからだ。むしろ、そこでは自由ではないからこそ、内心の平穏さを得られる。

それに対して、プロテスタンティズムの世俗内禁欲には両方の自由がある。カルヴァン派の預定説の教理でいえば、第一の自由＝「参入の自由」はその信仰を選ぶかどうかの自由である。第二の自由＝「決定の自由」は、「自分は救済される側だ」と証示するために、適切な生活規則を、すなわち適切な事業の進め方や消費のあり方を決める自由、いや決めなければならない自由である。ウェーバーが倫理論文で見出した「職業《ベルーフ》」という観念は、厳密に定義すれば、こういうものだと考えられる。

「神」会社の永久「仮社員」

その二つの自由が組み合わされている点で、プロテスタンティズムの世俗内禁欲は「自由な労働の合理的組織」と同型である。それゆえ、近代資本主義を成立させた原因の一つになった可能性がある。

ただし、両者は同型だが、同じものではない。プロテスタンティズムの禁欲では、第二の自由にもとづいて経済的に成功しなければ、「救われる」側にはなれない（正確には、その必要条件をみたさない）。それによって第一の自由があったことも実質的に取り消される。自分は救済されると勝手に思い込んだだけになるからだ。

つまり、預定説の教理では、第一の自由＝「参入の自由」にあたる部分で本当は何を選んだのかも、不確定なままにとどまる。現代の企業になぞらえれば、人間の側で実際に選べるのは「仮社員」として働くことまでで、本当に救われる側かどうかは、つまり「神」会社の本当の社員なのか、それとも社員だと思い込んでいるだけなのかは、文字通り神のみぞ知る。そして、もし第二の自由の結果として経済的に成功できなければ、第一の自由も実は「正社員」になる選択ではなかったことだけが、後からわかる。

正確にいえば、その意味でプロテスタンティズムの世俗内禁欲は、「神」会社の「仮社員」として死ぬまで働くことに等しい。他に社員はおらず、実際には全てを自分一人で決めて実行しなければならないから、ただの「仮社員」ではなく、「最高経営責任者（ＣＥＯ）」かつ「正社員候補生」だ。かなりとんでもない倫理だが、これはあくまでも倫理論文で語られた「プロテスタンティズムの禁欲倫理」のことである。その点は誤解なく。

この禁欲倫理では、「神の決定」が「人の決定」を生み出すだけでなく、「人の決定」の結果によって「神の決定」の実質的な内容が事後的に変わる。そういう形で二つの決定は連鎖している。その点でも実は組織と同型になるが(↓三・二)、組織では、「神の決定」に対応する採用の決定と「人の決定」に対応する業務遂行上の決定は、ともに「組織の決定」になっている。その上で、「雇用身分の保証」によって連動する範囲を限定している。わかりやすくいえば、仕事で失敗したからといって、「あなたは本当は不採用でした」にはならない。

ところが、プロテスタンティズムの世俗内禁欲では、そうなってしまう。事業で失敗すれば、救済されないこと(=不採用)が確定するからだ。その点で、現代の企業で働くよりも、さらに苛酷なしくみになっている。ここでは、より苛酷な形で人は自由にならざるをえない。そのちがいも確認しておこう。

禁欲倫理と「資本主義の精神」

この同型性をふまえれば、「資本主義の精神」との関連性もはっきり見えてくる。一・一で述べたように、倫理論文での「資本主義の精神」は、それ自体としては宗教的なものではないし、経営技術や資本量とも関係ないが、「倫理的な色彩を帯びて」「体系的かつ合理的に」利潤を追求し、近代の、産業社会の資本主義のしくみを営んでいく上で、重要な役割を果たしうる何か、として描かれている。つまり、たんなる勤勉さではなく、

①「倫理的な色彩」をもち
②「体系的かつ合理的」なもので
③機械式の生産に対抗できるものであり、かつ機械式の生産とも共通性がある

という特性がある。

プロテスタンティズムの禁欲倫理の独自性も先ほどのように再定義すれば、これらの特性をみたす。それゆえ、そこから宗教的な動機づけが消えたものが「資本主義の精神」にあたると、とりあえず考えられる。あえてわかりやすく喩えれば、「(資本主義の精神)＝(禁欲倫理)－(信仰)」だ(本当の数式ではないので「　」をつけておく)。

①に関してはすでに説明した(↓一・二)。②については「自由な労働の合理的組織」と同型的だから、近代資本主義の「合理性」の少なくとも一つと共通する。それゆえ、禁欲の強度に関わりなく、近代資本主義の原因の一つになりえる。

③はウェーバー&商会の経営が良い例になる。商会は旧来の生産工程を全て守ったわけでもない。例えば、途中で原材料の麻糸を現地産から輸入品に切り替えている(ドイツ語版ウィキペディアの Carl David Weber の項より)。働き方を直接監督はしていないが、工程全体を管理しているのはあくまでも

商会の方だった。そうやって「より安くより多く」への努力をつづけた。もしも商会の生産管理が機械織りとは全く異質であれば、機械織りへの転換は成功しなかっただろう。〈しくみX〉を想定する上でも③は欠かせないが、禁欲倫理と「合理的組織」の間に同型性が成立するから、③もみたされる。その関連でもう一つ、

④　経営者(資本家)だけでなく、現場の労働者も共有できる

という点もウェーバーは強調している(大塚訳三三一、三六〜三七頁、S. 146–47など)。「神」会社の永久「仮社員」なのだから、④もみたされるように見えるが、ここにはもう一つ重要な点がある。「資本主義の精神」とは何かにも直接関わってくるので、[2]を検討した後でまた戻ってこよう。

「社会的な組織づくり」への関与

ウェーバーが想定したもう一つの関連性、[2]「社会的な組織づくり」にもこれらはそのままつながる。(彼の考えた)カルヴァン派の預定説の信仰と近代的な組織との間に関連性があることには、ウェーバーも気づいており、倫理論文でも謎解きを試みている(大塚訳一六五〜六七頁、S. 288–94)。

社会的な組織づくりの点でカルヴァン派が明らかに卓越していた事実と、……現世に張り巡らされたこの上もなく堅い束縛から内面的に個人を解き放とうとする傾向が、どのように結びつきえたかは、さしあたって一つの謎に見えるだろう。

そう問いかけた上で、その後につづく文章でこう述べている。

しかし、それは奇異に見えたとしても、まさしくカルヴィニズムの信仰による個人の内面的孤立化の圧力の下で、キリスト教の「隣人愛」が帯びざるをえなかった独自の色調から、生まれたものなのである。……

カルヴァン派においては……「隣人愛」は——被造物ではなく神の栄光への奉仕でなければならないから——何よりもまず自然法によってあたえられた職業という任務の遂行のうちに現れるのであり、しかもその際に、特有の事象的な、人に拠らない *unpersönlich* 性格を、つまり、我々を取り巻く社会的秩序の合理的構成に役立つべきものという性格を帯びるようになる。そして、この社会的秩序の構成と編制はおどろくほど合目的的で、聖書の啓示に照らしても、また生得の直感によっても、それが人類の「実益」のために役立つようにできあがっていることは明瞭だから、この人格的、社会的な実益に役立つ労働こそが神の栄光を増し、聖意に適うものと考えられることになってくる。……

カルヴィニズムの倫理の功利主義的性格の根源はここにあったし、カルヴィニズムの職業観念の重要な諸性質もここから生まれてきた。

これも有名な箇所でもしばしば引用されるが、この説明を文字通りとれば、預定説の教理の外部に、近代を特徴づける「社会的秩序の合理的構成」があることになる。つまり、カルヴァン派の教理とは無関係にできてきた合理的な社会的秩序に、カルヴァン派の信仰はきわめてよく順応できた。そうした秩序の下でせっせと働くことが「神の栄光を増し、聖意に適うものと考えられ」た。そういう説明になる。

だとすれば、プロテスタンティズムの倫理は近代の合理的な秩序、例えば「自由な労働の合理的組織」の主な原因だとはいえない。そうした秩序自体は宗教倫理の外部で創られ、宗教倫理はそれにより良く順応する心理を提供しただけになるからだ。ウェーバーは倫理論文の結論部で、

禁欲が現世を改造し、世俗(現世)の内部で成果をあげようと試みているうちに、その現世の、外なるものらは、どんどんさらに強烈に、かつ最終的には逃れられない形で、人間の上に力を振るうよ

うになった。それは歴史上かつてないほどだ。今日では、禁欲の精神は――それが最終的にかは誰が知っていよう？――外なるものへの関心というこの容器 Gehäuse から抜け落ちた。いずれにせよ勝利を遂げた資本主義は、機械の基礎の上に立って以来、この支柱をもう必要とはしない。

とも述べている（同三六五頁、S. 487）。この文章もよく引用されるが、もし本当にプロテスタンティズムの倫理がたんなる心理的な後押し、たんなる心理的駆動力であれば、それが近代資本主義や近代社会を成立させたとは、やはりいえない。

モノ化の論理？

第二章で述べるが、歴史的な経過としては本当にそうだった可能性もある。けれども、これだと宗教は歴史を動かす主役にはならない。それゆえ従来の解釈では、プロテスタンティズムの倫理と近代の社会秩序を結ぶ別の環を見つけようとしてきた。

例えばこういうものだ。――カルヴァン派は内面的な孤立を極限まで推し進めることで、社会関係における人格的なつながりを否定し、関係を「モノ」化していった。その結果、近代の合理的な秩序が創り出された。「カルヴィニズム的信条は、一方で功利主義の哲学をもたらし、他方で近代的な意味で合理的な組織を生みだす。近代官僚制はカルヴィニズムに始まる意識変革を通して、はじめて合理的な効率性をもった組織として生まれてきた。組織論の上でも、被造物神化の拒否という命題はそういう意味をもった、とウェーバーは言うのです」(山之内前掲九〇頁)。

こう考えればたしかに脇役ではなくなるが、謎を解いたとはいえない。なぜモノ化(「事象化」とも呼ばれる)すれば「合理的組織」ができるのかが説明されていないからだ。

内面的な孤立化が進めば、すなわち一人一人が自分の救済だけに関心を集中させれば、たしかに社会関係はモノ化する。他人は自分の救済を確証するための手段や道具でしかなくなる。けれども、そこから出てくるのは他人への徹底的な無関心か、他人を徹底的に利用する利己主義か、どちらかだ。

前者は社会秩序への無関心をもたらす。後者は「万人の万人に対する闘争」(いわゆる「ホッブズ状態」)につながる。どちらにしても、他人と協働したり、他人に決定を委ねたりすることにはつながらない。近代的な組織の最大の強みである業務の分割や同時処理は実現できず、むしろ事業の規模が大きくなればなるほど不効率になっていく。

モノ化は個人単位での利益の最大化にはつながるが、組織としての合理性や効率化には結びつかない。もちろん「人類の「実益」」にもつながらない。内面的な孤立化が進めば「人類」という発想自体がなくなるはずだ。

つまり、ウェーバーのいう「内面的孤立化」からは、少なくともそれだけでは、「自由な労働の合理的組織」を導き出せない。論理上そう考えざるをえないのだが、この点はしばしば見過ごされてきた。

そうなった理由の一つは、「合理的組織」がどんなものなのか、よくわかっていなかったからだろう。ウェーバー自身も外形的な特徴をあげただけで、禁欲倫理との関係も考え詰められていない。ただし、次の一・四で述べるように、『商事会社』の研究を通じてある程度まで近づいてはいた。「古代における農地関係」や「儒教と道教」でも『商事会社』に言及しており、その考察が近代資本主義の成立論の一部であることをくり返し確認している。

けれども、これらの研究は日本語圏では注目されてこなかった。大塚久雄の株式会社成立史論のような全く異質な議論に、ウェーバー仮説が強引に結びつけられてきた。もう一つの理由はそれだろう。マルクス主義の発展段階論や物象化論を持ち込んで、マルクスとウェーバーを「接合」しようとした。そのために、ウェーバーの本来の主張が見えなくなったのだ。

それが大きく変わるのは『商事会社』が英訳され、また『全集』版の解説で詳しい研究史も明らかにされて、経営史や組織研究の専門家にも読めるようになってからである(中條秀治「株式会社発生前史としての「分散型」と「集中型」の二つのマグナ・ソキエタス」『中京経営研究』二四、二〇二四年など)。幸い現在では、丁寧で精度の高い日本語訳が出ている。

「資本主義の精神」とは何かも、最終的にはそこに関わってくる。プロテスタンティズムの世俗内禁欲は、事業者自身を「神」会社の従業員として位置づけさせ、神の決定と人の決定という二つの決定を接続させる点で、近代的な経営組織との同型性が見出される。だからこそ、そこにウェーバーは「資本主義の精神」の起源を見たのだろうが、それはまだ一面でしかない。

ウェーバー&商会が自律分散的な生産方式と、担当者が独自の判断で動ける中間管理組織をもっていたとしたら、事業主だけでなく、従業員たちもまた同じように働いていた。上位者の指示を待つのではなく、あたかも雇われ経営者のように、自分で考えて事業を動かしていた。先ほどふれた、

④　経営者（資本家）だけでなく、現場の労働者も共有できる

という点だ。

禁欲の倫理と組織の原理

プロテスタンティズムの禁欲倫理からは、これは説明できない。例えば事業主と従業員双方が信者だとして、その事業が成功した場合、誰の救済が（より正確にいえば、誰が救済されないわけではないこと

が）示されたといえるのだろうか。事業主なのか、従業員なのか、その両方なのか、あるいは何も示されていないのか。プロテスタンティズムの倫理は、この疑問には全く答えられない。自分個人の魂が救済されるかどうかが重大な問題であればあるほど、これは致命的な空白になる。

ウェーバーのいうプロテスタンティズムの禁欲倫理は、個人の事業があたかも「神」会社の事業であるかのように運営されることは説明できるが、個人の事業の範囲を出た瞬間に、何も説明できなくなるのだ。例えば④が成立するには、複数の人間が関わる事業の運営でも、

・その事業そのものは特定の誰かに帰属するものではない

とされていなければならない。そのためには、会社の形態も（α）働く人間がともに会社の所有者でもあるか、（β）働く人間がともに会社の所有者ではない（＝「所有と経営が分離された」）か、そのどちらかが望ましい。カール・Dのような優秀な経営者であれば、現場に決定を委ね切ることもできるだろうが、そうでなければ、中途半端に口を挟むことになるからだ。それによって現場はむしろ混乱し、振り回される（三・二参照）。現代のオーナー型企業でも、「会社は自分の所有物」という経営者の意識がマイクロマネジメントの弊害を引き起こすことは、しばしば観察されている。

ところが、禁欲倫理からは（α）も（β）も出てこない。本当に自分の救済の確証が目的ならば、むし

ろ共同事業をやめて個人単位に分割し、一人一人の事業の結果から、事業者個人の救済の有無を明確に判定できるようにするべきだからだ。内面的な孤立化から組織の編成を導けないというのは、そういうことである。

裏返せば、④には宗教以外のもの、そういう意味での「社会」的な何かの介在（橋渡し）が独自に必要となる。この点で禁欲倫理と「資本主義の精神」の間には、まだ大きな欠落がある。両者の間には、**決めなければならない自由**という共通性があるが、禁欲倫理ではそれが神と人間との間の関係として、したがって社会的には信者個人の内部で閉じている。それに対して後者では、それが複数の人間の間で決定を委ねる／委ねられる関係として、いわば社会のなかで展開されている。

わかりやすくいえば、プロテスタンティズムの世俗内禁欲が、**信仰にもとづいて・定員一名の修道院の修道士のように働く**ことだとすれば、「資本主義の精神」は、**信仰にもとづかずに・（定員一名の修道院の修道士のように働く＋定員一名の修道院の修道士のように働く＋……）**ことにあたる。この場合、「定員二名以上の修道院」だとしてしまうと、的外れになってしまう。修道院の生活規則だと、一人が決めれば後の人はそれにただ従うからだ。

「資本主義の精神」を明確に定義しようとすれば、この「**（…＋…＋…）**」の部分を組み入れる必要がある。個人の倫理から、個人を束ねる組織の原理へと考察を拡げる必要があるのである。ウェーバーもこの点には気づいていたようだ。例えば「経済行為の社会学的基礎範疇」（以下「基礎範疇」と略す）

では「労働者の内面的規律化」と並べる形で、「労働の専門化とその結合」にも注目して、「形式的かつ純粋に自発的な労働組織の資本主義的形態」の成立条件を考察している(富永健一訳『世界の名著61 ウェーバー』中央公論社、一九七五年、四一八、四四〇頁、*I/23* S. 352, 381)。先ほどの喩えを使えば、「(資本主義の精神)=(禁欲倫理)−(信仰)」ではなく、「(資本主義の精神)=(禁欲倫理)−(信仰)**+X**」なのだ(→二・二)。

そこに「資本主義の精神」の独自性があるのだとすれば、ウェーバーがめざした近代資本主義生成論のもう一つの焦点はここにある。[1]世俗内禁欲独自の勤勉さと[2]「社会的な組織づくり」もそこでつながってくる。彼の出発点であった『商事会社』の考察は、まさにそれをとりあげたものなのである。

四 会社と社会

「合理的組織」を受け入れる社会

一・三でみてきたように、禁欲倫理と「資本主義の精神」の間にはまだ欠けた環がある。この二つの変数は**決めなければならない自由を**、自分以外から誰かから**委ねられる**というあり方で共通するが、禁欲倫理ならば、極端な話、ただそう信じればそれは実現できる。それに対して、「資本主義の精神」

では、そういうあり方が複数の人間の間で成立していなければならない。つまり、決めなければならない自由を他人から委ねられることが、独自の関係性として了解され、認められていなければならない。

これには二つの水準がある。

〈1〉決定を委ねるという事業のあり方を誰かが実践する

〈2〉そうしたあり方が社会のなかで公式に認められる

という二つだ。

〈1〉が成立すれば、「資本主義の精神」があるといえる。〈2〉が成立すれば、「自由な労働の合理的組織」が制度化されているといえる。裏返せば、「合理的組織」が一般的なものになるには、これを経済活動の主体として認めて運用する制度が、社会の側に構築される必要がある。それによって初めて、「自由な労働の合理的組織」を決定的な特徴とする近代資本主義のしくみが成立する。

この点は経済学でも曖昧にされていることが多い。例えば「経済活動の規模が大きくなれば、個人による事業運営ではなく、組織による事業運営の方が有利になるから、法人会社（会社法人）のような経営体が一般的になっていく」といった形で、経済が拡大すれば、自動的に〈1〉〈2〉になるとされてきた。

これはたんなる後づけだ。組織による事業経営が知られていなければ、どちらが有利なのかもわからない。一部で認められていたものが一般化したとか、生物の遺伝子変異のように、試行錯誤がつねに起きていた、などであれば説明になるが、全く存在しなかったものが選ばれた、とするのは、目的論の言い換えにすぎない。

他方で、禁欲倫理からも〈1〉〈2〉は説明できない。個人の内面に集中すればするほど、それが個人を超えて、複数の人間の関係になることに全く意味を見出せなくなるからだ。そこには宗教以外の何かの要因を考えざるをえない。ウェーバー自身が何度もくり返しているように、プロテスタンティズムの禁欲倫理は近代資本主義の原因の一つであるかもしれないが、ただ一つの原因では絶対にありえない。

だとすれば、「自由な労働の合理的組織」には宗教倫理以外の要因が必ずある。それを探るためには事業形態の歴史をみていく必要があるが、思い出してほしい。ウェーバーはもともと会社の法制史の専門家だった。社会学者ウェーバーの研究は、実は商法学者ウェーバーの研究とつながっている。

言い換えれば、ウェーバー仮説の成否は、倫理論文だけでは判断できない。彼の研究全体をみないと、どのような因果関係を想定されていたかも、本当はわからないのだ。そういう視野の広い議論を彼は展開していた。だからこそ倫理論文でも『商事会社』を参照指示しつづけたのだろう。

だとすれば、倫理論文だけで彼の近代資本主義論を理解しようとすれば、必ず変な読み方になってしまう。「資本主義の精神」をめぐる解釈が混乱してきた主な理由も、そこにあるのではないか。一・三でウェーバーの文章を厳密に読んでも、また彼のいう禁欲倫理の論理を厳密に追っても、宗教のあり方から社会や組織のあり方を導き出せないことを示したが、そもそもそんな議論はやっていないのだとすれば、あたりまえだろう。

では事業形態の歴史としてウェーバーはどんなことを考えていたのか。その後の研究史も視野に入れながら、簡単にみていこう。

投資と協働

経済学や会社の法制史では、近代的な企業組織の起源として、しばしば遠距離商業での出資契約がとりあげられてきた。けれども、業務の進め方という視点でみると、この二つは全くちがう。

遠距離商業の出資契約は、地中海世界では旧くから見られる。時代と地域によってさまざまな名称があるが、ここでは「コンメンダ」と呼ぼう。「コンメンダ」は出資者と販売者の二人からなる。出資者が資金を提供し、販売者がそれを使って商品を買い、別の地域に運んで売る。得られた利益は出資者と販売者が一定の割合で分配する。

遠距離商業は多くのリスクをともなう。「売れそうだ!」と思った商品が全く売れなかったり、予想外の競争相手が出てきて安値で手放さざるをえなくなったり、運ぶ途中で船が難破したり襲撃されたりすることもある。そのため、商人は手持ちの資本を分割して、その一部を使って自分も商売するが、別の部分は他の商人に出資して利益の一部を得る形にすることが多い。それが「コンメンダ」だ。もっと大きな資金があれば、全て他の商人に出資してもよい。そうやって多くの販売者をつくれば、いくつかは失敗しても、全部を集計して一定の利益(黒字)が出ればよい。まさに「リスク分散《ポートフォリオ》」である。

ここには業務の同時多発的な処理にあたるものはない。出資者の業務は適切な販売者をみつけて、資金をあたえて、利益を回収することだ。販売者が売買する間、すなわちその業務がなされている間は、何もしていない。複数の販売者に出資する場合も、一人一人の売買は互いに全く関係ない。だからこそ、リスク分散になる。

鉄道会社の業務はそれとは全くちがう(↓一・二)。線路の建設でいえば、複数の工区に分けて工事を進めた場合、もしどこかの工区で失敗したり遅れたりすれば、他の全ての工区も大きな損失をこうむる。その意味で、分割されたそれぞれの業務はお互いに依存しあう。自分だけがうまくできても、他がうまくできなければ、自分自身の成果もゼロになる。

長距離列車の運行も同じだ。複数の管区を横断して長距離列車は走る。そのうち一つの管区でうまく走らせられなければ、列車は目的地に到着しない。他の管区の成果もゼロになる。同時多発的な業務処理では、個々の業務の成果は互いに依存する。それゆえ「協働《コーオペレーション》」と呼ばれる。しばしば誤解されているが、これはたんに共同で作業することではない。一つ一つの作業の成果が相互に依存しあうから「協」「働」なのである。

決定を分業する事業体／しない事業体

産業社会の企業活動は程度の差はあれ、協働の形をとる。それによって最も速く事業を運営できるからだ。遠距離商業の出資契約とはちがって、協働では同時に作業している他の業務担当者が「うまくやってくれる」と想定して、自分の作業を進める。その意味で、相互を信頼して作業が進められる。これも、信頼するというよりも、信頼するしかない、といった方がよいが。

岩井克人はこうした近代的な組織のしくみに、一種の「倫理」を見出している（『経済学の宇宙』第七章、日経ビジネス人文庫、二〇二一年）。ここではあえてそういう表現は使わないが、相互に依存しあうという協働のあり方の特徴をうまく言い表している。

しかし、大きな資金が集まれば、このような事業体が自然にできてくるわけではない。資本が蓄積されれば、決定を分業して委ねる企業組織が自然にできるわけではない。逆にいえば、たまたま何かの事業が大成功をおさめて大きな資金が手に入っても、このような組織をもたない社会では、同じ事業に無限に再投資できるわけではない。拡大とともに規模の不経済が生じてくるからだ。

それゆえ、そうした社会では、利益はむしろ別の分野での新たな事業の起ち上げに投資される。新事業はどうしても小規模になるから、管理はしやすい。ちがった分野なので、リスク分散にもなる。もちろんそれがさらにうまくいって事業数が多くなれば、一人だけでは手が回らなくなるが、そのときは事業ごとに分割して、家族や親族を経営者にすればよい。

豊かになれば生活水準も高くなるので、より多くの子どもを健康に育てられる。そのそれぞれに別々の事業を相続させれば、何人かは失敗するだろうが、何人かは成功して、成功者はまた多くの子どもを育てられる。遺伝子の存続という生物学的な合理性にもかなっている。

ムスリム商人と「資本主義の精神」

こうした経済社会の具体例としては、西アジアのムスリム商人たちの「スーク経済」がよく知られている(黒田美代子『商人たちの共和国』一九六~九八頁、藤原書店、一九九五年)。

個々の商人はまさに自分の資質、力能に応じて、悪食さながらにあらゆる可能性を追求する。……スークの経済においては、あらゆる商業形態に関して、ひとの奔放な活動に制限を加える要因は極力排除される。観点を変えるならば、個人に集約される限り事業の拡大はいかようにも許容される。しかしひとの範囲を越える機能的な拡大は、厳密に戒められるのである。

このような乱脈さに活力を与えているのは、イスラームの「（商品を市場に）導く者は讃えられ、それを退蔵する者は呪われる」という教えである。これはマックス・ウェーバーの指摘で有名な、「自分の資本の増大を義務と感ずる」プロテスタントの倫理とは、別種の倫理である。……商人たちはこのような教えの導きに従って、幾ばくかの余力がある場合、市場の活性化のために活動の枝をあたり構わずに広げていく。……ひとが直接関与する、あるいは関与しうる商業活動には自ずと限界がある。個人という単位の単位性が尊重され、それからの逸脱が厳密に禁止されている状況の下では、商業形態を横断するひとを中心とした多角的な経営は、活動の最大化のほぼ唯一の道なのである。……利潤の増殖という点では……優秀な協力者との協業により資本を増大させ、利潤を上げては投資の量を増やすということも可能である。しかし私的企業のひとを超えた法人化が難しいスーク経済の場合には、拡大する企業運営のための中心的なセンターを構築することは、なかなか難しく、特定の限界を持つ。そもそもイスラーム的発想、その世界観には、経済的虚構、〈虚無〉そのものである法人という概念は存在しないのである。この点に関しては、その原子論、さらには関係論的世界観を考察すれば容易に理解されることであろう。

黒田のいう通り、こうした商人たちの経済社会と、プロテスタンティズムの禁欲倫理や近代資本主義を比較して、後者だけを「合理的」とするのはたんなる自文化中心主義《エスノセントリズム》だろう。「世界の脱呪術化」

みたいな、あたかも「合理化」へ向かう普遍的な力がそこにあるかのように語るのにも、私は賛成しない。二つの経済社会はそれぞれ独自に合理的であり、ともに倫理的でありうる。だから「最近……の優れた専門家たちの研究成果は、このようなウェーバーの所説、ポスト・ウェーバー主義者の論拠を完全に打破しつつある」(同八頁)にも内容面では異論はないが、ただ一つ、ウェーバーは「私的企業のひとを超えた法人化」を、経済史の必然的な発展段階みたいには考えていなかった。

そうした発想は大塚久雄をはじめとする多くの経済学者のものであり、「ポスト・ウェーバー主義者の論拠」でもあるかもしれないが、「ウェーバーの所説」ではない。それは断言できる。同じ事業に利益を再投資しつづけても、規模を無限に拡大できるとはかぎらない。巨大な事業を管理できる組織がなければ、他の新規事業に分散投資していった方が合理的である。ウェーバーはその点は明確に自覚していた。

もし彼がこの文章を読んだら、全くその通りだと頷いただろう。なぜならば、黒田のいう「私的企業のひとを超えた法人化」こそが、ウェーバーのいう「自由な労働の合理的組織」にあたるからだ(→一・二)。

「コンメンダ」と「コンパニア」

なぜそう断言できるかというと、ウェーバーの博士論文であり教授資格論文でもある『商事会社』は、まさにこれを主題とするものであった。決定を分業する組織は、大きな資金（資本）があれば自然に発生するわけではない。そういう立場から、近代的な企業法人のような、特定の人格に帰属しない会社というあり方がどのように成立してきたのかを、〈a〉事業内部の「業務 Geschäft」のあり方と〈b〉それが第三者にとってどう受け入れられてきたかに注目して、解明しようとした。〈a〉が〈1〉に、〈b〉が〈2〉に対応する。倫理論文の一〇年以上前から、「人に拠らない」「合理的組織」の成立をウェーバーは研究していたのだ。

もう少し詳しくいうと、『商事会社』で彼は中世イタリアの都市法を史料にして、近代的な法人会社の起源を探究した。そしてヴェネチアやジェノヴァ、ピサなど、長距離商業で栄えた地中海沿岸の都市に広くみられる出資契約ではなく、内陸のフィレンツェで生まれた別の事業形態にその原型を見出した。当時のイタリア諸都市で見られた共同的な事業形態に二つの型を見出して、その一方を近代的な法人会社の原型だとし、それが最初に成立したのはフィレンツェだとしたわけだ。

わかりやすくするために、こちらを「コンパニア」と呼ぶことにしよう。もう一つの方は先に述べた「コンメンダ」にあたる。両者の決定的なちがいは構成員の関わり方にある（『商事会社』七〜一四頁、S. 144–52）。一番わかりやすいのは、共同責任の有無だろう。

「コンメンダ」では、出資と商品取引はそれぞれ独立した業務だと考えられている。つまり、これは貸付と販売という二つの事業を組み合わせたもので、出資者と販売者は自らの業務だけに責任を負う。だから共同責任というあり方はなく、もし出資者が別の取引などで負債を負えば、販売者に出資した資金も差し押さえられる。

それに対して「コンパニア」では、構成員がそれぞれ異なる業務にあたりながら、同じ一つの事業にともに関与していると考えられている。それゆえ、他の構成員の業務処理に関しても共同で責任を負う。具体的には、会社の名でなされたものであれば、その結果は全員で負うが、ある構成員が別の事業で負債をおった場合には、その債務はその個人の債務としてあつかわれる。

まさに「コンパニア」＝会社《カンパニー》だが、この形態では事業は誰のものでもなく、誰の人格にも帰属しない。各人の業務は、一つの「誰のものでもない」事業に関わる決定を、それぞれ分業（分担）して実行していることになる。その意味で、決定を委ねる「協働」になっている。

そこから会社固有の財産と個人の財産の厳密な区別もうまれる。一・三で述べた（α）と（β）でいえば、「コンパニア」は（α）だったものを（β）として運営するもので、「私的企業のひとを超えた法人化」にあたる。

工場と商社

さらにウェーバーは、こうした「コンパニア」の起源を工業に求めた（同一三九、一七〇〜七一頁、

S. 289, 321–22)。沿岸諸都市の遠距離商業ではなく、内陸諸都市の手工業から生まれたものが（同五九〜六二頁、S. 201–05）、やがて商業にも取り入れられて（同九〇〜九一、九八〜九九頁、S. 237–39, 245–47）、共同作業の空間の呼び名が店名や家名から法人の名称として、すなわち「会社体 corpo della compagnia」としてあつかわれていく（同一〇〇〜〇二頁、S. 247–50）。そうした経路を想定することで、より豊かなヴェネチアやジェノヴァやピサではなく、フィレンツェで「コンパニア」が最初に出現してくることを説明しようとした。

工業製品の生産では、各工程の成果を組み合わせる形で最終的な製品ができる。それゆえ、それぞれの作業は自律的かつ異質なものでありながら、最終的な成果では互いに強く依存的になる。この場合、製品は特定の誰かの成果とはいえず、それを作り出した主体をあえて見出すとしたら、共同作業それ自体になる。だから、その主体を何かの名で呼ぶとしたら、作業場の空間の名称がふさわしい。そうした業務のあり方が工業都市フィレンツェではある程度一般的だったからこそ、遠距離商業でも「コンパニア」のような形態が受け入れられた。複数の家の出身者たちによる業務の組み合わせの全体を、特定の誰かに帰属しない法人会社《ゲゼルシャフト》の事業という形でとらえて、会社の名の下での共同責任と会社固有の財産という制度をとることが、受け入れやすかった。——ウェーバー自身はこのような関連性を想定していたようだ。

実際、一四世紀後半の毛織物企業では、多額の出資をするが事業にはほとんど関わらない人も、出資して経営管理にあたる人も、実際には出資しないが製造上必要な技術的知識を提供する人も、ともに事業に不可欠な存在＝「出資者」として「社員」になれた（星野秀利、齊藤寛海訳『中世後期フィレンツェ毛織物工業史』名古屋大学出版会、一九九五年）。出資者として損益にあずかるか、従業員として給与をもらうかも、選べたらしい。そういう形で異なる関与や業務の組み合わせが一つの事業になることがあたりまえになれば、販売先の商慣習や人脈も、技術と同じ専門知識と見なせるし、所有と経営も分離しやすくなる。

それによって信用力を大きく高めただけでなく、全ての関与に「出資金」の額という**共通の形式を**（一部は仮想的に）**あたえる**ことで、事業全体が資本計算の形で目に見えるようになった。そういう意味での「出資＝資本」がリスクをともないながら利益を生み出す過程として、すなわち（β）として、事業それ自体も観念しやすくなる（『商事会社』一六一〜六二頁、S. 311-12）。実はこうした点でも、ウェーバーの会社論はルーマンの組織システム論と重なるが、それは第三章で見ていこう。

『宗教社会学論集1』の「西洋では工業がその特別な出生地になった合理的な経営資本主義」という表現は、具体的にはこうしたことをさす（↓序・二）。一九〇九年の「古代における農地関係」でも「全ての特異に近代的な資本主義的発展、すなわち産業的資本主義の発展は、まさにあのような「工業都市 Industriestädten」によって創り出された法形態を受け継ぐものであり、古代都市にはそれが欠けていた」と述べている（渡辺金一・弓削達訳『古代社会経済史』四六三頁、東洋経済新報社、一九五九年、

I/6 S. 695)。「古代における農地関係」は山之内靖によってウェーバーの比較社会学の鍵となる著作とされ(山之内前掲)、日本語圏でも広く知られるようになったが、そのなかでは近代資本主義の起源がこのように書かれているのである。

専門的な学説研究でも、ウェーバーの近代資本主義生成論が『商事会社』から最晩年まで、明確な一貫性をもち、近代資本主義の起源の一つを中世の都市経済に見出していることは、すでに指摘されている(W・シュルフター、田中紀行監訳『マックス・ヴェーバーの比較宗教社会学』五一五〜五一九頁など、風行社、二〇一八年、原書は一九八八年、Gerhard Dilcher, "From the History of Law to Sociology," *Max Weber Studies* 8(2), 2008, *I/1* S. 2, 57–58 など)。

「二つの身体」論とのちがい

法人の成立論は「二つの身体」論のように、神の所有物という性格に注目したものが多いが(E・カントーロヴィチ、小林公訳『王の二つの身体』ちくま学芸文庫、二〇〇三年など)、こうした法人では、神の代理人や代弁者など、特別な宗教的権威をおびた特別な個人によって、神の所有物とされる団体が代表される。カトリックの修道院の組織運営もそうだった(佐藤彰一前掲、杉崎前掲など)。「二つの身体」という呼び方もそこからきている。

ウェーバーの言い方では、これは特定の人格と結びついた「人に拠る(人格依存的な)」組織であり、近代的な法人会社の原型にはなりえない。近代資本主義の決定的な特徴とされた「合理的組織」は、このような形の法人とは別のものなのだ。だからこそ、ウェーバーは事業体における業務のあり方に注目しつづけたのだろう。

そう考えると、なぜプロテスタンティズムの信団に「資本主義の精神」とのつながりをみたのかもわかりやすい(↓一・二)。従来の解釈では、構成員が平等な立場で自発的に結成する団体、すなわち「自発的結社《アソシエーション》」を重視したからだとされてきた。ウェーバー自身もそう述べており、もちろんそれはそれで正しいが、「信仰者たちの教会」では全員が等しく罪深い存在であり、それゆえその教会は誰の人格にも拠れない。カトリックの修道院のように、創立者を特別視することもできない。よく似た信仰をもつさまざまな人間が集まって、一つの教会を運営するという形態しかとれない。

その点で、全員がともに一つの会社に所属して、その事業を分担する経営組織と同型になる。そうした信仰と教会のあり方を他の信仰をもつ人々の干渉から守ろうとすれば、政治組織も同じ型にした方がよい。実際、ニューイングランドのピューリタンたちは、会社組織を使って植民地の政府を起ち上げた。そこにウェーバーは信団の社会を見出したのである(↓二・二)。

「法人」の成立と近代資本主義

「〈1〉決定を委ねるという事業のあり方を誰かが実践する」に関しては、このように考えられる。

たんなる自発的な団体形成であれば、ムスリム商人たちの事業組合や「寄付団体《ワクフ》」にもあてはまる。近代資本主義の「自由な労働の合理的組織」は「人に拠らない」組織である。組織それ自体が事業をにない、各構成員がその業務を分担する。そういう組織だ。このような「誰のものでもない」組織の原型は、一三〜一四世紀のイタリアの工業都市で成立した、とウェーバーは考えた。

だから、産業社会の出発点を一七〜一八世紀のアルプス以北の西ヨーロッパに置くのであれば、「誰のものでもない」法人会社は、産業社会が生み出したものではない。産業社会になって広く使われるようになり、設立手続きも大幅に簡略化されたが、制度そのものは別の起源をもつ。一四世紀末にはイタリアだけでなく「北方」でもこうした会社形態が成立したとされているから(黒正巖・青山秀夫訳『一般社会経済史要論　下』四九頁、岩波書店、一九五五年、*3*/6 S. 281. 以下『社会経済史』と略す)、プロテスタンティズムよりもさらに前だ。

ウェーバーの近代資本主義論がマルクス主義の産業資本論や物象化論とは異質なものであり、二つを「接合」させることがどれほど無理な読み方なのか、ここからもよくわかるだろう。時期や関連する要因に関してはウェーバー自身が丁寧にまとめて述べているので、興味がある人はそちらを直接読んだ方がよい(前出のほか同五七〜六〇頁、*1*/22-*1* S. 151-53 など)。

むしろ業務の同時多発的処理が産業社会にとって特に重要だとすれば、そうしたあり方に対応できる制度をあらかじめ知っていた。そのことが本格的な産業社会を可能にした前提条件の一つだと考えられる。膨大な資本の蓄積によって近代的な株式会社が創り出されたわけではない。近代的な法人企業に使える制度をすでに知っていたからこそ、大きな資本を効率的に利用することが容易になった。つまり、産業社会の出現より前に、西欧社会の一部ですでに近代資本主義のしくみは成立していた。

もちろん、法制度があるからといって、それだけで「合理的組織」が運営できるわけではない。とりわけ家族や職業などの直接的な面識圏を超えて、こうした決定の分業を安定的に営むためには、当事者水準での経験的な試行錯誤や習慣の形成も必要になる。そこにウェーバーはプロテスタンティズムの禁欲倫理の影響を見出したのではないか(二・二参照)。だからこそ、「信仰者たちの教会」の組織原理にも注目したのだろう。

あえて単純化すれば、ウェーバーの近代資本主義論はそう要約できる。マルクス主義的な産業資本論とも、近代経済学的な制度競争論ともちがう考え方で、ウェーバーは近代資本主義の成立をとらえていた。黒田の主張に一〇〇パーセント賛成するだろうと述べた理由も、そこにある。彼は一貫して、組織の形態に注目していた。

事実、一九一八~二〇年時点の著作では、近代資本主義の成立にとって禁欲倫理は不可欠だが、補完的な要因とされている(→一・二)。意外に思えるかもしれないが、一・三で述べたように、禁欲倫理は複数の人間が関わる事業には拡張できない。論理的に考えれば、こうした位置づけにならざるをえない。

ウェーバーの会社法論

それがそのまま〈2〉の答えにもなる。

『商事会社』では都市法が史料に使われた。つまり、このような組織のあり方が事業体の一つの形態として、当時のフィレンツェの都市社会では公式に認められていた。事業活動の担い手として、契約や商取引の相手として、「誰のものでもない」組織を運用する制度が、空間的にも職業的にも限定された形ではあるが、一つの社会のなかでできていた。

特定の事業が法人に近い形で運営されることだけならば、貨幣経済がある程度発達した経済社会に広くみられる。「印章」をあたかも法人のようにあつかう経営形態もあちこちにあったが、そうしたものを西欧に独自だとウェーバーは考えていたわけではない。都市の商工業という限られた分野であれ、それが法という制度に明示的に組み入れられること、すなわち「経営財産と個人財産の法的分離」(「序言」『宗教社会学論選』前掲一七頁、*I/18* S. 111)が決定的に重要だと考えていた。

つまり、当時の都市法の一次史料から会社組織の制度を再構成していくことで、〈1〉と〈2〉を同時に論証する。『商事会社』はそんな研究なのである。黒田のいう「優れた専門家たち」とむしろ同じことを、ヨーロッパの都市法でやっていたわけだ。

私は経済史や会社法史の専門家ではないので、現在の研究水準からみてウェーバーの主張がどの程度妥当かを正確には判断できないが、現在の日本語圏の歴史学や経済史でも、経済活動がより盛んだったヴェネチアやジェノヴァ、あるいはローマといった都市ではなく、フィレンツェでこうした企業形態が成立してきたと考えられている（神崎忠昭・長谷部史彦編著『地中海圏都市の活力と変貌』第五章と第六章、慶應義塾大学文学部、二〇二一年。菊池雄太「交易の現場から」同編著『図説 中世ヨーロッパの商人』河出書房新社、二〇二三年など）。

日本語圏の会社法史や英語圏の地中海商業史では、そこに近代的な法人会社の原型を見出した研究者として、ウェーバーは知られている（高橋英治『ドイツ会社法概説』有斐閣、二〇一二年。F・トリヴェッラート、和栗・藤内・飯田訳『異文化間交易とディアスポラ』知泉書館、二〇一九年）。例えばトリヴェッラートはウェーバーを、近代資本主義のイタリア起源説の提唱者の一人としている（玉木俊明訳『世界をつくった貿易商人』八九〜九〇、一八五頁、ちくま学芸文庫、二〇二二年）。経営組織の面を切り落としているので、『商事会社』の研究を十分に理解した上で、とはいいがたいが、主張点の一つは的確にとらえている。法制度からのアプローチとしては、A・グライフの数理経済史の先行者ともされる。

比較経済史の研究でも、ウェーバーの仮説は、会社制度の有無が近代資本主義の成立に関わったという主張として検討されている（K・ポメランツ、川北稔監訳『大分岐』名古屋大学出版会、二〇一五年）。ポメランツ自身は後づけ型説明をして「だから会社制度の有無は重要ではない」と結論しているが、ウェーバーの仮説のどこが現代の経験的研究で注目されているかを示す証拠にはなるだろう。

ウェーバーの新しさ

ここからいえることは二つある。

第一に、ウェーバーは近代資本主義の成立過程について、マルクス主義の発展段階説や近代経済学の後づけ型説明とは、全くちがう形で考えていた。〈1〉と〈2〉はウェーバーにとって、経験的な研究によって答えられるべき探究課題であった。「経済活動の規模が大きくなれば、法人会社のような組織による事業運営の方が有利になり一般的になっていく」みたいな形で経過が描けても、それを説明だとすることはできない。

このような後づけ型の説明は科学論でいえば、目的論的理由づけにあたる。ウェーバーの方法論は、そうした目的論を徹底的に排除しようとした(佐藤『社会科学と因果分析』前掲)。その点からも、ウェーバーはこうした形では考えていなかった、といえる。

第二に、ウェーバーはそのような研究の位置づけを明確に自覚していた。倫理論文を発表する一〇年以上前、一八八九年の『商事会社』の時点で、近代資本主義がどのように成立してきたのかを、企業組織の形態から考え始めていた。実はこれはウェーバーの独創ではなく、彼の父親世代にあたる社会政策学会の創設者たち、G・シュモラーやL・ブレンターノがすでにそう考えていた。それゆえ、『商事会社』の研究はそうした経済学者からも注目され、高く評価された(竹林前掲)。その意味でも、ドイツの産業社会と深く結びついていた。

近代資本主義の決定的な特徴を「自由な労働の合理的組織」に見出すというとらえ方は、だから三〇年間にわたる彼の研究生活全体の結論でもある。二〇代の商法の研究も、三〇代後半の病気から回復してきて、四〇代に入るときに着手したプロテスタンティズムの禁欲倫理の研究も、そして五〇代の半ば過ぎで亡くなる前の比較分析も、一つの線でつながる。ウェーバーの研究は全体としてつながっているのだ。

だとすれば、「資本主義の精神」とは何かも、そこから考えた方がよい。むしろ彼の研究全体がその定義探しの旅だったのかもしれない。

「合理的組織」と法と行政

もう一つ重要な点を指摘しておこう。

先ほど述べたように、ウェーバーのいう「合理的組織」とは、特定の誰の人格にも帰属しない「人に拠らない」組織である。わかりやすくいえば、組織それ自体が事業を進め、各構成員がその決定を分業する形で、組織として決定する。こうした組織運営は産業社会では、経済的な事業だけに見られるものではない。公共機関の決定、例えば行政機関の決定をになう組織や、司法の決定をになう裁判所にもあてはまる。誰の人格にも帰属しない「人に拠らない」組織は、個人個人の恣意を遮断した形で行政や司法の決定を創り出す上でも欠かせない。

　そのことはウェーバーの官僚制論が、私企業と公共機関のどちらにもあてはまるものとして構成されていることからもわかるだろう。官僚制論は近代資本主義論とならんでウェーバーの研究成果としてよく知られているが、この二つは密接に関連した、いわば一つの研究の一部なのである。「合理的組織」は「合理的な行政や司法」を成立させているものでもあるからだ（↓二・一）。

　官僚制組織の研究は第三章であつかうが、スーク経済論にウェーバーは一〇〇パーセント賛成しただろうといえる、もう一つの理由がここにある。黒田のいう「私的企業のひとを超えた法人化」は、公共機関が業務を担当する人間の恣意や利害を遮断した形で運営される上でも、不可欠な組織形態なのである。もしイスラム圏の経済に「ひとを超えた法人化」が欠けているとしたら、そうした社会では、ウェーバーのいう意味での合理的な行政や司法も成立していない可能性が高い。イスラム法は法人を禁じているといわれるが（小杉泰・長岡慎介『イスラーム銀行』山川出版社、二〇一〇年など）、もし本当にそうだとすれば、誰に対しても同じように法を適用するようなことは、法的にも宗教倫理の上でもしてはならないのである。

　詳しくは次の第二章でみていくが、ウェーバー自身も「合理的組織」と「合理的な行政や司法」をともに「計算可能な」と表現している。ここでいう「計算可能」はコンピュータの計算プログラムのようなものではない。業務担当者の個人的な恣意や利害が入り込まない形で、それゆえ案件の客観的な要件だけを考慮すれば、過去の決定との連続性にもとづいて（それゆえ運営の計画性や構成員への公平性の面でも）、この案件に関する決定は大体この範囲におさまるだろう、と予測できることをいう。ウェーバーはもともと商法の専門家であり、法実務の経験もあるから、同時代の裁判所の判決や行政的な決定の内容が実際にどの程度ばらついているかも、具体的に知っていたはずだ。

近代資本主義の事業経営と合理的な行政や法がともに「合理的組織」にもとづくものだとしたら、両者の間に単純な因果関係は想定しづらい。具体的に観察できる時点には差があるとしても、広い意味で同時成立か、少なくとも並行的に成立したと考えた方が自然だが、両方があることで相乗効果が働いて、その結果として近代資本主義というしくみが確立する、というような経過は十分に考えられる。この点も第二章でとりあげよう。

官僚制論の限界と研究の全体像

これまで述べてきたように、ウェーバーはプロテスタンティズムの禁欲倫理が近代資本主義の「自由な労働の合理的組織」につながることを、より厳密にいえば、両者の間に大きな同型性があることを、的確に見抜いていた。経験的な社会科学の研究者として彼がどれほど優れていたかを、それはよく物語る。宗教とも経済そのものともちがう、その意味で「社会」としかいいようのない何かがそこに関わっていることにも、おそらく気づいていたと思う。

だからこそウェーバーは社会学者にならざるをえなかったのだろうが、そのつながりが具体的にどのようなものなのか、両者のどこがどう同型なのかは、十分にはとらえられなかった。それは彼自身の官僚制論や会社組織論の限界でもある。組織と時間の関わりや同時多発的な業務処理といった視点が欠けており、そのため組織が実際にどう動くかまでは、うまくとらえられなかった(↓序・一)。

近代資本主義の起源をめぐる問いは、そこで明らかな限界にぶつかる。「自由な労働の合理的組織」が具体的にはどこでどのように生まれ、一般化していくかを、ウェーバーは描けなかった。禁欲倫理という新たなパズルの一片を手に入れたが、経営組織の具体的な事例では、中世イタリアのフィレンツェの「コンパニア」から一九世紀半ばのウェーバー&商会まで、一気に飛ぶしかなかった。

ただし、ウェーバー自身は自分の限界には自覚的で、官僚制の位置づけもかなり慎重に論じている。例えば、日本語圏の解説書では「官僚制組織の普及とともに「資本主義の精神」が失われて化石化していく」「「精神なき専門人」や「心情なき享楽人」が跋扈する」と予言した、みたいに書かれることがあるが、そんな予言はしていない。倫理論文でいえば、近代資本主義の未来の三つの可能性の一つとして、述べているだけだ(↓三・二)。

以降の展開

こうした「合理的組織」がどんなしくみでできているのか、その詳しい検討は第三章で述べる。

第二章では、第一章のようにウェーバーの近代資本主義論を再構築すると、彼の研究全体がどのように体系的に再構成されるかを見ていく。彼の著作に関わる議論が多くなるので、興味がない人は読みにくいかもしれないが、現代の科学の方法論、例えば統計的因果推論との関係などにもふれる。

第二章の前半では、適合的因果というウェーバーの方法論から、彼の研究全体を体系的に整理する。それによって、ウェーバーがプロテスタンティズムの倫理を最終的にどう位置づけていたのかを示し、さらにこの方法論が、近代資本主義との具体的な関連性を別の形で考え直すことにも開かれていることを示す。後半では、そうした位置づけと等価なものが現代の比較史でも再発見されていることを示した上で、どのような関連性をおけば、現代の比較史とウェーバーの研究の到達点がより整合的になるかをあらためて考える。

第三章では、ウェーバーが「支配」や「支配の諸類型」でとりあげた「合理的組織」、すなわち近代的な官僚制組織の考察をとりあげ、どこに限界があったのかを具体的に明らかにする。その上で、それがその後の組織研究、とりわけルーマンの組織システム論によってどのように解決されていったのかを示し、その成果にもとづいて、プロテスタンティズムの倫理と近代資本主義の関係を、論理的により一貫し、かつ経験的にもより妥当な形で位置づけ直す。自然科学風にいえば、「ウェーバー予想」はルーマンの組織システムの理論によって解決されることになる。

だから、第三章を読んだ後に第二章に戻ってきてもよい。その方が読みやすい人もいるだろう。

第二章　社会の比較分析

——因果の緯糸《よこいと》と経糸《たていと》

一　研究の全体像を探る

ウェーバーの著作群

ウェーバーの著作のなかでは「プロテスタンティズムの倫理と資本主義の精神」がやはり圧倒的に有名で、これだけで彼の研究が論じられたり、批判されたりしてきた。第一章でみてきたように、実際にはこれは彼の近代資本主義論の一部にすぎないが、にもかかわらず特にとりあげられてきたのには、著作上の事情もある。

ウェーバーは膨大な研究を残したが、生前に刊行された著書は少ない。巻末の**主要な著書・論文の年譜**(以下「著作年譜」)に主なものを年代順にあげておいたが、本格的な研究書は二〇代の『商事会社』と『ローマ農地史』、あとは『宗教社会学論集1』ぐらいだ。彼自身が自分の研究を反省的に位置づけたり、体系的に整理したりする機会は少なかった。

そのため、従来の学説研究では特定の著作に注目して鍵言葉を探し出し、それによって研究の全体像を再構成することが試みられてきた(F・H・テンブルック、住谷一彦・小林純・山田正範訳『マックス・ヴェーバーの業績』未來社、一九九七年など)。「合理化《ラツィオナリジールンク》」や「脱呪術化《エントツァウベルンク》」などがそうだ。

そうした再構成の試みにも意義はあるが、本当に研究の全体を数個の文字で要約できるのならば、膨大な経験的な分析を残したりはしない。近代資本主義の成立をめぐって、ウェーバーが多くの資料を集めて横断的な研究を進めたのは、そうする必要があったからだ。だとしたら、研究の全体像を再構成する場合も、なぜそういう作業が必要だったのかに十分に答えられるものではなければならない。

適合的因果の考え方

その有力な手がかりになるのは、鍵言葉ではなく、方法論だ。経験的な研究には必ず方法論がある。どうすれば論証したことになるのか、この結論はどのくらい信頼できるのか。そういったことを判定する基準が求められるからだ。逆にいえば方法論は、自分の仮説や結論がどうすれば反証されるのかを示すものでもある。それを示せない「方法論」は方法論ではなく、著者の世界観や価値観の表明でしかない。

ウェーバーの近代資本主義論にももちろん、本来の意味での方法論がある。「適合的因果」といわれるものだ。科学史的にいえば、J・S・ミルが「差異法」として定式化した手続きを、生理学者で統計学者でもあったJ・フォン・クリースがさらに整備したもので(→一・二)、現在の統計的因果推論と基本的に同じ考え方に立つ、確率的因果論である(竹林前掲二〇九、二四一〜四四頁、佐藤『社会科学と因果分析』前掲など)。フォン・クリースとウェーバーはフライブルク大学で同僚でもあった。

簡単にいうと、適合的因果では、二つ以上の対象を比較することで原因を特定する。一つの変数(事象)X_1以外の全ての変数が同じである二つの対象において、結果Yが生じている／いないというちがいがあれば、X_1がYの原因である。それが適合的因果の考え方だ。

それゆえ、この方法を使った研究ではまず、それぞれの対象でX_1以外(の変数)が全て同じかどうかを調べ、結果Yが生じている／いないを調べる。例えばX_1の有無だけがちがう二つの集団AとBがあるが、それぞれの集団内ではともに、Yが生じたり生じなかったりすることもある。こうした場合は、AとBでYの出現比率(出現確率)がちがっていれば、X_1とYの間には因果があるといえる。だから、Yが生じている／いないを正確に判定することも重要だ。

X_1以外が全て同じかどうかを調べる作業は、もちろんそれ以上に重要になる。それによって原因が特定されるからだ。もしもX_1以外でもちがいがあれば、そちらも原因候補になる。例えば、X_1とX_2とX_3以外は全て同じである二つの対象で、結果Yが生じている／いないというちがいがあれば、「X_1またはX_2またはX_3がYの原因である」という結論になる。

この場合、３つのうちのどれが、あるいはどれとどれが原因なのかは識別できない。だから、厳密にいえば「X_1とX_2とX_3がYの原因である」とはいえない。「または」としかいえない。

ウェーバーの比較分析

この適合的因果による論証は、ウェーバーの研究では『宗教社会学論集1』の「儒教と道教」(↓著作年譜)の前半部で最も明確になされている。「儒教と道教」の第一章〜第四章で一六世紀以降の近世中国の社会経済的条件を総覧的に紹介し解説した上で、次のような結論が述べられる(一五、九三〜九四、一五一〜五三、一七五〜七八頁、S. 147–48, 216–18, 256–58, 281–84など)。

——近世の中国にも近世の西ヨーロッパにも、①強烈な営利欲、②個人個人の勤勉さと労働能力、③商業組織の強力さと自律性、④貴金属所有のいちじるしい増加と貨幣経済の進展、⑤人口の爆発的な増加、⑥移住や物資輸送の自由、⑦職業選択の自由度と営利規制の不在、⑧生産方式の自由といった要素はあった。西欧古代やインド、イスラム圏と比べても、近世中国の経済社会は近世西ヨーロッパに近い状態にあった。

にもかかわらず、近世中国では近代資本主義は生成しなかった。そこに欠けていたのは、(1)形式合理的な法とそれにもとづく計算可能な行政と司法の運用、(2)法や行政の業務が官吏の個人的な収入源にならないこと、そして(3)プロテスタンティズムのような禁欲倫理である(図2-1)。

少し解説しておこう。(1)は、それに関わる個々人の恣意を遮断できる形で法的な決定や行政的な判断がなされることをさす。それによって、法や行政それ自体の内在的な論理と客観的な条件にもとづく対応がとられる(↓一・四)。

(2)は具体的にいえば、法的業務や行政業務を現場で担当する人間たちが、当事者、例えばその案件

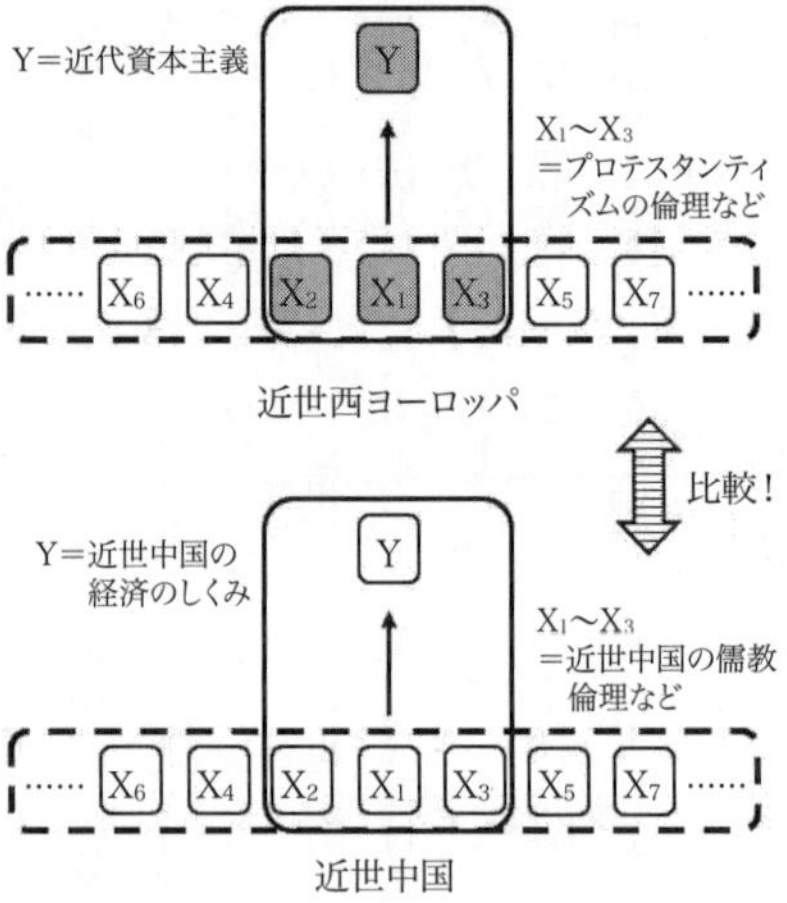

図 2-1　適合的因果による原因同定

に関わる事業者から業務の対価をえて、それを重要な収入源としないことにあたる。

その反対、業務担当者個人の収入源とすることを「俸禄化」と呼ぶ。手数料の形で支払いを求めるだけでなく、例えば二〇世紀後半の韓国の司法に見られた「前官礼遇」なども、こうした収入源化＝俸禄化にあたる。

(2)は(1)の必要条件になっている。もし行政や司法の業務が担当者の個人的な収入源になれば、どのくらい支払ったかで、行政や司法の決定が変わってくるからだ。だから(1)と(2)は「形式合理的な行政と法の運用」という一つの変数にまとめることができる。

さらに(4)植民地がなかったことも中国と西欧のちがいとしてあげているが、こちらは「中国的な社会の一般的な政治的・経済的性格の結果事象」だとしている(同七八頁、S. 283-84)。つまり、近代資本主義の有無と同じく、(1)〜(3)のちがいによって生じた結果だとしている。これに関しては後でまたとりあげよう。

三つの原因候補の重なり

だから、ウェーバーは⑶の禁欲倫理だけが近代資本主義の原因だと主張したわけではない。⑴または⑵または⑶が近代資本主義を成立させた原因だ、とした。

さらにこの三つがどう関連しているのかも「儒教と道教」第四章の最後の部分で述べている。重要な箇所なので、文章も引用しておこう。近世中国にはさまざまな種類の資本主義があったことを確認した上で、ウェーバーはこう書いている(同一七七頁、S. 283)。

その代わり、産業的資本主義 gewerbliche Kapitalismus、これが近代的発展の特異性となったものであるが、それはこの体制の下ではどこにも成立しなかった。なぜなら、産業的「経営」への資本投下は、このような統治形式の非合理性にあまりにも敏感だからであり、そして国家の装置が一様かつ合理的に作動し、その作動をまるで機械のように計算できるという可能性にきわめて大きく依存しているからである。

つまり、⑴個人の恣意を排除した合理的な行政や司法が欠けていることで、「産業的「経営」への資本投下」がなされず、近代資本主義が成立しなかった。したがって、近代資本主義が中国で生まれなかった直接の原因は(1)にある。言い換えれば、もし(3)の禁欲倫理にあたるものはあるが(1)がない社会があれば、そこには近代資本主義は成立しない。そう主張しているのだ。

そして、すぐ次の文でウェーバーはこう問いかける。

しかし、なぜ中国の行政と司法は、そのように(資本主義的にみて)非合理的でありつづけたのか？——これが決定的な問いである。そこに働いているいくつかの利害関係を我々は学んできたが、それらはさらにより深い探究が必要である。

その探究が「儒教と道教」の後半部、第五章〜第八章にあたるわけだが、(4)にふれた後、第四章の最後の段落で、ウェーバーはその答えにあたるものをあらかじめ述べている(同一七八頁、S. 284→序・一)。

西欧では工業 Gewerbe がその特別な出生地となった合理的な経営資本主義は、形式的に保証された法と合理的な行政と司法がなかったことと、俸禄化の結果とによる以外に、ある種の心情的基盤がなかったことによっても、妨げられたのである。

要するに、近世中国社会で「合理的組織」にもとづく近代資本主義が成立しなかった直接の原因は、(1)「合理的な行政と司法」が欠けていたことであり、(2)それらの業務の個人的収入源化がその前提条件になっているが、(1)と(2)が維持されつづけた主な要因は(3)心情的基盤の欠如、すなわちプロテスタンティズムの禁欲倫理にあたるものが欠けていたことにある。それが一九一八〜二〇年時点での彼の答えだった。

因果推論の方法

この書き方をみると、ウェーバーが適合的因果の方法論を十分に理解していたことがわかる。例えば第三の引用に出てくる「妨げられる」はフォン・クリースの用語で、原因候補の変数があることで結果の変数の出現確率が下がることをさす。近世中国と近世西ヨーロッパの比較では、それぞれ結果にあたる事態が一つずつしかないので、中国の方は出現確率がゼロになる。すなわち近代資本主義が生じないことになる。

三つの原因候補に関してはともに原因だとしているが、これらは相互に関連している。一・四で述べたように、(1)を実現するには、司法や行政にあたる機関が「人に拠らない」形で運営されることが必要条件になる。すなわち、営利事業における「家計と経営の法的分離」と同じく、行政や司法でもその事業それ自体に固有な論理にもとづいて、事業に関わる決定を創り出し、実行する組織が必要になる。⑵はそうした「合理的組織」が成立する必要条件にあたる。そして⑶の禁欲倫理と「合理的組織」の間には一・三で述べたような同型性がある。

それゆえ、⑴〜⑶は内在的に関連しており、あわせて一つの変数、具体的にいえば「合理的組織」を成立させなかった要因になっている。計量分析でも、複数の説明変数の間に強い相関がある場合はまとめて一つの変数としてあつかわざるをえないが、それと同じだ。つまり、三つ全てが原因というよりも、「⑴または⑵または⑶」がまとめて一つの原因、いわば「合理的組織」の成立に関わる変数X_0になっている。比較分析の結果からは、それ以上のことはいえない。

「儒教と道教」では社会や経済だけでなく、宗教や文化もふくめてさまざまな事象がとりあげられている。まるで近世中国社会の百科事典かカタログを読んでいる気分になるが、なぜそうなったのかはもうおわかりだろう。原因候補の変数以外は「同じ」なのかを、ウェーバーは一つ一つ検証しているのだ。より正確にいえば、ちがう変数は⑴〜⑶と内在的な関連性があるので変数X_0としてあつかえて、それら以外は近世中国と近世西ヨーロッパは「同じ」であることを論証しようとしている。計量分析の用語でいえば、説明変数間の相関を確認しながら、先行変数群の統制を試みている。

このような網羅的な比較は、「各「文化圏」をそれぞれ一単位として実体化した比較史」だとされることがあるが（中野敏男『ヴェーバー入門』一九一頁、ちくま新書、二〇二〇年）、この理解は的外れだと私は考えている。説明変数間の相関も確認しながら先行変数群を統制する作業は、比較による因果の特定に欠かせない。そして比較をする以上、単位の設定はさけられない（佐藤『メディアと社会の連環』前掲Ⅲ－1）。因果の論証では、複数の単位の間でできるだけ網羅的に比較する必要があるのだ。だからこそウェーバーもやっている。

最近は「科学的である／でない」をめぐって政治的な対立が展開されたり、感情的な争いが起きたりするが（↓序・二）、こうした変数群のとりあつかい方は、それを判定する実用的な手がかりにもなる。その作業抜きで原因を特定しようとする議論は、科学的ではないと考えてよい。

類型論の意味

そして経済にせよ宗教にせよ政治にせよ、複数の社会の事象（変数）の間で「同じ（状態）」なのかを判定するには、一般的な基準がいる。例えば、それぞれの事象の特徴を取り出して、この点で同じだから「同じ」である、あの点でちがっても「同じでない」とはいえない――そういえる基準をあらかじめつくっておく必要がある。

ウェーバーの著作では、「経済と社会」原稿群（*1/22–1*〜*5*）や「社会学」原稿群（*1/23*）などでその基準づくりがなされている（↓著作年譜）。この二つは長い間『経済と社会』という一冊の著書だとされて、『全集』でのあつかいもまだ混乱しているが、別々のものであることはすでに明らかにされている（詳しくは折原浩『ヴェーバー『経済と社会』の再構成』東京大学出版会、一九九六年などを参照）。校正の経緯や内容からみて、「社会学」原稿群は『宗教社会学論集1』よりも後の研究成果にあたる(↓終章)。

これらのなかでウェーバーは、さまざまな経済や経営、法や政治組織、宗教、社会集団などのあり方をとりあげ、分類している。「合理的支配」「伝統的支配」「カリスマ的支配」の三類型は有名だから、どこかで見た人もいるだろう。「支配」(世良晃志郎訳『支配の社会学I』『II』創文社、一九六〇年・六四年、*1/22-4*)や「支配の諸類型」(同訳『支配の諸類型』創文社、一九七〇年、*1/23* S. 449-591)に出てくるが、他にも膨大な類型論が展開されている。

こうした類型化によって、複数の社会の間でそれぞれの事象が「同じ」といえるかどうかが判定できる。例えば「合理的支配」として近代西欧の官僚制の特徴が列挙されているが、それを使えば、近世中国社会の官僚制が「合理的支配」と同じものかどうかを識別できる。

資本計算の形式や合理性、近代資本主義的な企業の成立条件に関しては、「社会学」原稿群の「基礎範疇」であつかわれている。特に16節、24a節と30~31節では複数の分類基準を設けて、近代資本主義に独自な特徴を厳密に定義した上で、このちがいは「説明を必要とする」「純粋に経済的な理由だけでは説明できない」としている(「基礎範疇」前掲四二〇、四四〇頁、S. 355, 381、なお終章も参照)。企業形態という経済的な事象に関しても、例えば産業資本の運動法則から説明するような、経済決定論的な議論を否定しているのだ。西欧以外の社会ではその運動が阻止されたと考えていたのではなく、運動法則のようなものをそもそもおいていない。

この企業形態論は彼の近代資本主義論のなかで最も精密なもので、「資本主義の精神」とも関係ぶかい。因果の解明に関しても、『社会経済史』は「基礎範疇」の類型論を取り込んでおり、ウェーバーが近代資本主義の形成史を最終的にどのように考えていたのか、その全体像を知ることができる。訳者の青山秀夫による解説や訳注も『商事会社』と「基礎範疇」の両方をふまえており、的確で参考になる。ウェーバーの研究全体でみるかぎり、大塚久雄よりも青山の方がより良く理解していた。そういわざるをえない。

緯糸と経糸

これらの作業は織物に喩えるとわかりやすい。

さまざまな社会のさまざまな事象を一般的な基準で類型化し、分類していく作業は、いわば緯糸《よこいと》にあたる。それによって、いつ・どこの社会の事象であっても「同じ」なのかを判定できる。あとは結果にあたる変数が決まれば、その有無が異なり、かつそれ以外の変数の多くが「同じ」である社会との間で、どの変数がちがっているかを特定していけばよい。それらが原因候補になる。

そうした原因候補と結果の間にどんな関連性があるのかを考える作業が、経糸《たていと》にあたる。原因候補と結果の間には時間的な先後があるから、それにそって、原因候補の変数からさらにどんなことが起きて、結果の変数が生じる／生じないになるのか——その時間的変化を再構成する。

ウェーバーの研究では、緯糸の作業は主に「経済と社会」原稿群と「社会学」原稿群で、原因候補と結果の間の関連性を考えていく経糸の作業は主に『宗教社会学論集1』などでなされている。ただし、二分されるわけではなく、例えば「儒教と道教」では、前半部で緯糸の類型論を用いて原因変数を絞り込み、後半部で経糸にあたる因果の関連性の仮説を立てている。

重要なのは、経糸を張る上でも緯糸が不可欠だということだ。延々とつづく類型論と分類基準の議論を読んでいると、まるでウェーバーが分類マニアに思えるかもしれないが、原因候補の絞り込みも、原因候補と結果の間の関連性の考察も、「同じ」かどうかを判定する基準が出発点になる。類型論がなければ、因果の同定もできない。くり返すが、ウェーバーは必要だからやっているのだ。

それゆえ、緯糸と経糸のどちらが重要かといった議論には意味がない。近代資本主義の成立に関わる因果を同定する上では、どちらも欠かせないからだ。* ウェーバーの学説研究では『経済と社会』と『宗教社会学論集』のどちらが主著かで論争が起きたことがあるが、争うこと自体おかしい。

こうした適合的因果の方法論による研究の体系化は、時期をおって進んでいった。適合的因果の方法論が集中的に考察されたのは一九〇六年の文化科学論文で、倫理論文の一九〇四〜〇五年版はその前に書かれている。つまり、適合的因果の方法論が本格的に採用される前の段階のものだ。

一九〇九年の「古代における農地関係」は、適合的因果を用いた最初の本格的な研究にあたる。その意味で重要な著作だが、ここでウェーバーは古代地中海世界と中世以降の西ヨーロッパを比較している。この比較は因果が循環することを前提にしており、方法論上大きな問題を抱えていた。比較研究としては「習作」にあたる。

それらをふまえて、一九一〇年代前半に「経済と社会」原稿群の研究が進められ、より信頼できる「同じ」である／でないの判定基準が構築される。一九一〇年代後半に発表された「世界宗教の経済倫理」の比較研究では、それを用いて、より厳密な因果の同定と意味連関の考察が進められるが、その成果もさらに再検討されていく。

『宗教社会学論集1』はその再検討の最初の成果であり、比較の方法論も、判定基準の類型論も、「社会学」原稿群でさらに深められていく（I/23 S. 80–82など）。マリアンネが解説しているように（『伝記』五〇八頁、S. 691–92）、厳密な方法論的個人主義にそって（そして行為の一般理論ではない形で）制度的行為論として再構成される。そこでウェーバーは亡くなったが、もし亡くならなければ、経済や支配以外の類型論も書き直されただろう（I/23 S. 592–600参照）。

まさに緯糸と経糸をいくつも重ねて一つの織物が織り上げられていくようだ。そのような体系的で一貫した探究の、最初の段階と最後に近い段階の両面を倫理論文はもっている。だから読みにくいところもあるが、だからこそウェーバーの研究を代表する論文にもなってきた。

＊こうした点もすでに青山秀夫「解題」で解説されている（『社会経済史　上』二四〜二五頁）。なお、比較の方

法論は分析哲学の可能世界論を使えば、より厳密に論証できる。野上志学『デイヴィッド・ルイスの哲学』青土社、二〇二〇年などを参照。

ウェーバーの社会学の到達点

「儒教と道教」第四章での三つの原因変数の位置づけもこの最後の時期のものだ。「儒教と道教」は一九一五年に発表された「儒教」という論文がもとになっている(↓著作年譜)。それを『宗教社会学論集1』に収める際に大幅に増補・改訂したものだ。引用した三つの文章のうち、一番目と二番目はこのとき新たに追加された。三番目や(4)植民地に関する説明にも手が加えられている。

だからあえてウェーバーの「結論」を求めるとすれば、ここが一番ふさわしいだろう。つまり、**ある程度の規模の経済社会において近代資本主義の成立／不成立の直接の原因になるのは、合理的な行政や司法の有無であり、それを社会的に支える重要な条件として、それと同型のしくみをもつ宗教倫理などがある**。ウェーバーはそう考えていた。『新秩序ドイツの議会と政府』(以下『新秩序ドイツ』と略す)や『社会経済史』での叙述とも共通する(↓二・二)。

そしてそこに至る途上でも、一貫して「合理的組織」の原型にあたる法人会社の制度に注目していた。例えば一九一〇年代前半に書かれた「ゲマインシャフト」でも、近代の公共機関と私企業に共通する「人に拠らない(人格非依存的な)」、言い換えれば「ひとを超えた」組織の原型を、「コンパニア」

型の会社に見出している(『社会経済史　下』前掲第三章第四節補論、*1/22-1* S. 145-54→一・四)。

それゆえ、近代資本主義を成立させた具体的な原因として、ウェーバーは一つではなく、少なくとも二つ考えていた。一つはいうまでもなく**①プロテスタンティズムの禁欲倫理**であり、もう一つは**②会社の名の下で共同責任制をとり、会社固有の財産をもつ法人会社の制度**である。少なくともその両方がなければ、西欧でも近代資本主義は成立しなかった。

二つの間に関連性を想定することもできる。例えば、西欧の社会では②近代的な法人につながる「人に拠らない」組織のあり方が、一部の領域ですでに制度として認められていた(↓一・四)。それゆえ、それが社会全体にひろがりうる条件が用意されていれば、科学技術のあり方が変化してそうした組織による事業形態が有利になると、そうした組織にもとづく近代資本主義のしくみが確立する。①プロテスタンティズムの倫理は、そのひろがりうる条件(の一つ)として働いた。——そんな形で位置づけることもできる。

ウェーバーの研究は適合的因果という方法論にもとづく、体系的なものだっただけではない。「合理的組織」への注目という点で、一貫した主題ももっていた。その意味でも「儒教と道教」第四章の最後の部分は、「基礎範疇」とともに彼の到達点を示す。一九二〇年までの研究全体の成果を、彼自身の文章でまとめたものでもある。

二つの判定基準――因果適合的と意味適合的

もう一つ、因果同定の方法論から導き出される重要なことがある。「社会学的基礎概念」で、ウェーバーは社会科学で因果を同定する基準を二つあげている(阿閉吉男・内藤莞爾訳『社会学の基礎概念』一七〜一九頁、恒星社厚生閣、一九八七年、*I*/23 S. 159-60)。一つは緯糸の作業をふまえた原因候補の絞り込み、すなわち結果の有無のちがいが生じた一つの対象において、「同じ」でない変数があればそれらを原因とする、というものだ。これを「因果適合的」と呼んでいる。

もう一つは、その原因候補の変数と結果の変数の間に、社会科学的に意味がある関連性が見出されることである。先ほどの言い方では、どのような経糸を張るかにあたる。こちらは「意味適合的」と呼ばれ、その関連性を「意味連関」という。

ここでいう「意味」は、社会科学で認められている種類の関連性をさす。例えば、ある人が神様のお告げをうけたと思ってある行動に出た、という因果のあり方は社会科学的に意味があるが、ある人に神様のお告げがあってその人がある行動に出た、という因果のあり方は意味がない。「神様」という超自然的な存在は、本当にあるのかもしれないが、それによる因果関係を想定することは現在の社会科学では認められていないからだ。

「因果適合的」と「意味適合的」は、しばしば並列的な条件だとされてきた。ウェーバーも二つの条件をともにみたす場合に「因果がある」といえるとしているが、厳密にいえば、因果の同定基準は第一の条件だけだと考えた方がよい。言い換えれば、第二の条件にあたる意味連関が具体的に見出せなくても、第一の条件がみたされれば、何らかの因果関係がある。現代の科学ではそう考えられており、その方がウェーバーの研究の意義もより明確になる(瀧川裕貴「分析社会学と因果推論」『理論と方法』三四(一)、二〇一九年など参照)。

これには、ウェーバー以降の因果同定の方法論の発展が関わっている。現在の科学では(第二の条件にあたる意味連関の如何にかかわらず)第一の条件すなわち因果適合的かどうかを判定する手続きが見出されており、それによって因果の有無が同定されている。「統計的因果推論」と呼ばれるものだ。ウェーバーが用いた適合的因果はその最も単純なケースの一つにあたる。

未知の因果を見出す

少し専門的になるが、現代の社会では重要な知識なので簡単に解説しておこう。

一〇〇年ぶりのパンデミックになった新型コロナウイルス感染症では、mRNAワクチンという新しい種類のワクチンが使われたが、死亡などの重い副作用が生じるかどうかが大きな問題になった。データを集めて調べた結果、(一定の条件をみたす場合には)「死亡との間では明確な因果関係は見出されなかった」とされたが、それに対して「現在の医学ではまだわからないこともあるのだから、因果がないとはいえない」という反論も出された。

実はこれも「因果適合的」と「意味適合的」の組み合わせになっている。データを集めて結論を出す上で使われたのは第一の条件＝「因果適合的」の判定手続きだ。それに対して、「現在の医学ではまだわからない（因果関係）」の方は第二の条件に関わる。この場合は「現在の医学でわかっている因果関係」が意味連関にあたる。

詳しい解説は省略するが、「因果適合的」かそうでないかは、「意味適合的」かどうかとは無関連に判定できる。先ほどの例でいえば、たとえ現代の医学では未知の因果関係であっても、その有る／無しは判定できる。すなわち「（平均的には）因果がある／ない」といえる。*理論上は、状態がただ正確に記録できていればよい。

具体的な対象やデータの集め方によって判定の信頼性は変わってくるが、信頼できるデータであれば、全く未知の因果でも、「因果がある／ない」は判定できる。もちろん現実には信頼できるデータを集めるのがむずかしいので、未知の因果関係に注意を払うこともつねに大事になるが。

＊一つだけ補足すれば、統計的因果推論は一般的なケースでは、集団単位での（ウェーバーの言い方では「平均的」な）因果の有無しか判定できない。例えば、接種によって死亡率に有意な差が生じないことは、接種によって誰一人、死亡しないことを意味しない。詳しくは佐藤『社会科学と因果分析』参照。

意味連関の複数性

「儒教と道教」での因果の論証にも全く同じことがいえる。

ワクチンと副作用の例と同じく、「因果適合的」かそうでないかは、X_0とYの間にどんな種類や内容の関連性、すなわちどんな意味連関があるのかとは無関連に成立する。いうまでもなく、ウェーバーの使ったデータが信頼できるものであれば、という限定つきだが。つまり、倫理論文や「儒教と道教」後半部で主張された意味連関が実際にはなくても、(1)〜(4)の変数群と近代資本主義の間には「因果がある」といえる。

『宗教社会学論集1』では、「儒教と道教」前半部で比較分析によって「因果がある」ことが論証される。後半部でその関連性の具体的な内容が考察される、すなわち中国社会で想定される意味連関の仮説が展開されている。一方、倫理論文や信団論文では、それに対応する西欧社会での意味連関の仮説が述べられる。そして「儒教と道教」の最終章「儒教とピューリタニズム」では、二つの社会での意味連関を統合した形で論じられる。

このうち、倫理論文や「儒教と道教」後半部での議論がたとえ否定されたとしても、「儒教と道教」前半部での因果の論証は成立する。だから、(1)〜(4)の間やそれらと近代資本主義との具体的な関連性を、「儒教と道教」とはちがった形で考えることもできる。「因果適合的」と「意味適合的」という二つの判定基準はそういう関係にある。二つはどちらも重要だが、重要さの質がちがう。

因果の有無に関しては、データにある程度以上の信頼性があれば、客観的に判定できる。その意味で、第一の条件＝「因果適合的」は因果分析の出発点にあたる。ウェーバー仮説では、「資本主義の精神」がプロテスタンティズムの倫理と近代資本主義を結びつける環になっているが、適合的因果の方法を使えば、「資本主義の精神」が何なのか全くわからなくても、プロテスタンティズムの倫理が近代資本主義を成立させた原因の一つかどうかを判定できる。

それに対して第二の条件＝「意味適合的」はつねに複数の可能性に開かれている。例えば「儒教や道教」では中国社会における氏族(宗族)の紐帯の強さが強調されているが、全ての宗族がその構成員を保護していたという仮説は無理があるし、何より史料や観察データから容易に反証される。ウェーバーの視点を活かすとしても、「基礎範疇」24a節で中国独自の「より合理化された団体形態」とされる「氏族の社団化 *Sippenvergesellschaftung*」のような方向へ、位置づけ直した方がよいだろう(*1/23* S. 347 Anm. 81など参照)。例えばこの術語を使えば、ある家の事業に雇われた他の家の人間が「家僕」あつかいされたことも説明できる(寺田浩明『中国法制史』七三頁、東京大学出版会、二〇一八年)。「儒教と道教」前半部の比較分析はそのような形で、ウェーバーの比較社会学を考え直す出発点にもなる。それもまた、ウェーバーの比較社会学を引き継ぐ一つのやり方だ。少し恰好つけていえば、ウェーバーとはちがう方向で考えていく可能性も、ウェーバーの研究は開いているのである。

植民地と会社制度

第四の変数(4)植民地の有無も同じように、新たな形で位置づけ直すことができる。

ウェーバーはこれを「結果事象」だとしたが、現在の経済史では、産業化の前から西欧が植民地をもっていたことは、安定的な資源の調達先を外部にもてたなどの点で、近代的な資本主義の成立に大きく関わっていたと考えられている（ポメランツ前掲。R・C・アレン、眞嶋史叙・中野忠・安元稔・湯沢威訳『世界史のなかの産業革命』名古屋大学出版会、二〇一七年など）。実はここにも会社制度が関わってくる。一六世紀からの西欧のいわゆる「世界進出」すなわち植民地づくりでは、会社組織が制度的手段として使われた。高校の世界史の教科書にも出てくるイギリスとオランダの東インド会社もその一つだ。他にもさまざまな会社があった。

一九世紀になるまで、西欧の諸国家が域外に進出する際には会社経営の形をとることが多かった。産業化が本格的に始まる前の西欧社会は、経済的にも軍事的にも、進出先に対して必ずしも優位に立っていたわけではない。日本史でお馴染みの、長崎の出島にあったオランダ東インド会社の商館はその良い例だ。同時期のジャワ島への進出から考えて、機会があれば植民地にする企図はあっただろうが、近世の日本はオランダが簡単に支配できるものではなかった。それゆえ、狭い場所に閉じ込められても、貿易による利益は確保しようとした。

一八世紀までの西欧の植民地は、進出先の社会との関係次第で、政治的支配の拠点にも、貿易や通商の拠点にもなりうるものだった。西欧社会の内部で育まれた会社組織は、その両面をうまく使い分けられる制度だった。それによって植民地の「「経営」への資本投下」も、より「計算可能」になった。つまり、会社制度をもたない社会に比べて、より効率的で安定的な植民地経営ができて、資源調達先も確保しやすくした。会社制度に注目すれば、そのような因果関係も想定できる（佐藤俊樹「旧くて新しい問い　――ジェイソン・C・シャーマン『〈弱者〉の帝国』」『UP』五八四号、二〇二一年など）。

ウェーバー自身は、植民地経営を「略奪資本主義」の一種として、近代資本主義に対立するものだとしているが、「現存する最古の株式会社」であるハドソン湾会社（一六七〇年創立）のように、経理や簿記を整備しながらより安定的な事業分野へ移り、現在も多国籍企業として生き残っている会社もある。むしろF・ブローデルが述べたように、「株式会社は複数の出資者にリスクを分散させ、「遠距離貿易のギャンブル的な利潤を、さほど莫大ではなくとも、より安全かつ健全な商業利潤へと転換させた」」（木村和男『毛皮交易が創る世界』一二頁、岩波書店、二〇〇四年）のではないだろうか。

新たな仮説への拡張

植民地を経営する会社は「移民」を送り出すだけでなく、「移民」先の経済活動を本国の経済に組み込む手段としても役立った。遠隔地の活動を管理する上で、決定を委ねられる組織は特に便利な道具になる。多くの奴隷を分業して働かせるプランテーション農場は、規則と会計にもとづく大規模経営の先駆でもある（K・ローゼンタール、川添節子訳『奴隷会計』みすず書房、二〇二二年。岡崎前掲）。

それによって西欧の経済はより大きく成長できたとすれば、略奪資本主義と近代資本主義は必ずしも対立するわけではない。前者を後者に変換することもできる。つまり、会社という〈a〉業務のあり方がすでに〈b〉社会内である程度の信用を得ていたからこそ、植民地での資源収奪や奴隷経営の手段にも使えて、資本の投下と回収をより円滑に進められたのではないか。

それに対して、人口増加にともなう「移民」は近世中国にも見られるが、西欧の植民会社のような、これを域内経済に組み込んでいく制度的手段がなかった。(1)〜(4)の間にはそんな関連性（意味連関）も想定できる。『社会経済史』では植民会社にもふれているので、あるいはウェーバー自身もその可能性を考えていたが、再検討する時間が十分になかったのかもしれない。

いずれにせよ、重要なのは［1］比較分析の上では関連性の高い変数群は一つの変数としてあつかえるし、あつかった方がよい。それによって、［2］これらの間で具体的にどんな関連性があったかとは切り離して、これらが近代資本主義の成立の原因になった、といえる。そして、［3］これらが近代資本主義の成立にどのように影響したのかに関して、新たな仮説も立てられる。だから、もし一四世紀イタリアの「会社《コンパニア》」と一九世紀の産業社会の大規模な官僚制組織の間にまだ空白があるのであれば、自分で調べて考えて、その空白を埋めていけばよい。

ウェーバーが取り組んだ中国と西欧の比較はそのような方向に拡張できる。それによって、現代の比較史や経済史ともつなげられる。従来の読解では適合的因果の考え方が十分に理解されず、こうした点は見過ごされてきた。例えば、特定の意味連関だけが強調され、それがウェーバーの近代資本主義論の核心だと主張されてきた。

その結果、彼の研究が明確な一貫性をもつことが見失われ、全体像がとらえにくくなっただけでなく、新たな展開の可能性も過小評価されてきたのではないか。

二　会社制度の社会経済学

比較史との接続

例えば岡本隆司『シリーズ中国の歴史⑤「中国」の形成』(九七〜九九頁、岩波新書、二〇二〇年)では、中国社会での資本主義の成立／不成立が次のように論じられている。

しかし同時代のヨーロッパのように、事業への投資・資本の蓄積はすすんでいない。いわゆる産業資本が育たなかったのである。なぜか。……

とにかく一つ確実にまちがいがないのは、東西の様態が異なっている、流行りのことばを使えば、「分岐」している事実にある。いつなぜ違いがあらわれたかの詳細な全容は、たとえ解明できなくとも、「分岐」に対する一定の説明はしておかねばなるまい。……

大きな事業資本をそろえるには、いかに裕福でも自己資金だけでは足らない。なるべく多くの人から、遊休の資金を集めるのが捷径である。その場合、何より重要なのは信用であり、見ず知らずの人に資金を貸しても、確実に返済してもらえる保証が欠かせない。不特定多数の人からそうした貸与・投資をうながすような、リスク回避のしくみが必要なのである。……

ともあれ世界史上、そうした制度を創出できたのは、イギリスのいわゆる「財政=軍事国家」であり、私見ではイギリス・西欧にしか、そうしたシステムは発祥、ひいては発達、完成することがかなわなかった。イギリスを嚆矢とする株式会社や銀行・公債がその典型であり、上下・官民いずれにも適用される共通の法制が、政治・経済・社会を組み合わせて一体的にコントロールする、という制度構築がその根幹にある。

読んでおわかりのように、ここでとりあげられているのは、大規模な事業経営の前提となる「合理的な行政と司法」の運用であり、その「計算可能」さである。

ところが、この文章にはウェーバーは出てこない。引かれているのはJ・ヒックスの経済学だ。中国史の研究者にはウェーバーはあまり評判が良くないらしい。正直、気持ちはよくわかる。使っている史料の詳しさや信頼性は現在とは比較にならないし、近世中国の法制度や官僚制に関しても、その独自の合理性を西欧と対照できる形で類型化できていない（寺田前掲。岡本隆司『明代とは何か』名古屋大学出版会、二〇二二年など）。

「儒教と道教」と近世中国

これには「儒教と道教」の成立事情も関わっている。

「儒教と道教」は「儒教」という論文をもとにしているが（↓二・二）、「儒教」論文には一六世紀以降の中国の社会経済のデータがなく、主に春秋戦国時代から秦漢帝国までの古代中国史にもとづいて、貨幣経済があまり発達しなかった社会として描かれていた。

「儒教と道教」では、それが大きく書き換えられた。一六世紀以降の銀の貨幣化や一八世紀以降の人口爆発などをとりあげて、数量的なデータも紹介しながら、近世中国では貨幣経済がある程度発達し、急激な人口増も起きていた（図2-2は上田信『人口の中国史』六頁、岩波新書、二〇二〇年より）、にもかかわらず近代資本主義は生まれなかった。そのことをくり返し強調している。改訂の前と後で、重要な先行変数の状態が変更されているのだ。

「数世紀にわたって五千万から六千万の間を上下していた人口が……一九世紀末までに三億五千万から四億にまで成長し、経済活動の規模の大小を問わず……営利欲が展開され、きわめて大きな個別資産も蓄積された」「にもかかわらず近代的資本主義的発展の萌芽は全く見出されなかった」「それが我々の中心的な問題なのである」(「儒教と道教」九三〜九四頁、S. 217–18)。

「儒教と道教」の方は、いわゆる「明末清初」の大規模な社会変動をふまえた上で、なぜそのなかで近代資本主義が生まれなかったのか、という形で問いが再設定されている。だとすれば、ありうる因果関係も、「禁欲倫理」の有無の意味も大きく変わってくる。本当は新たな研究として書き直すべきだったと思う。

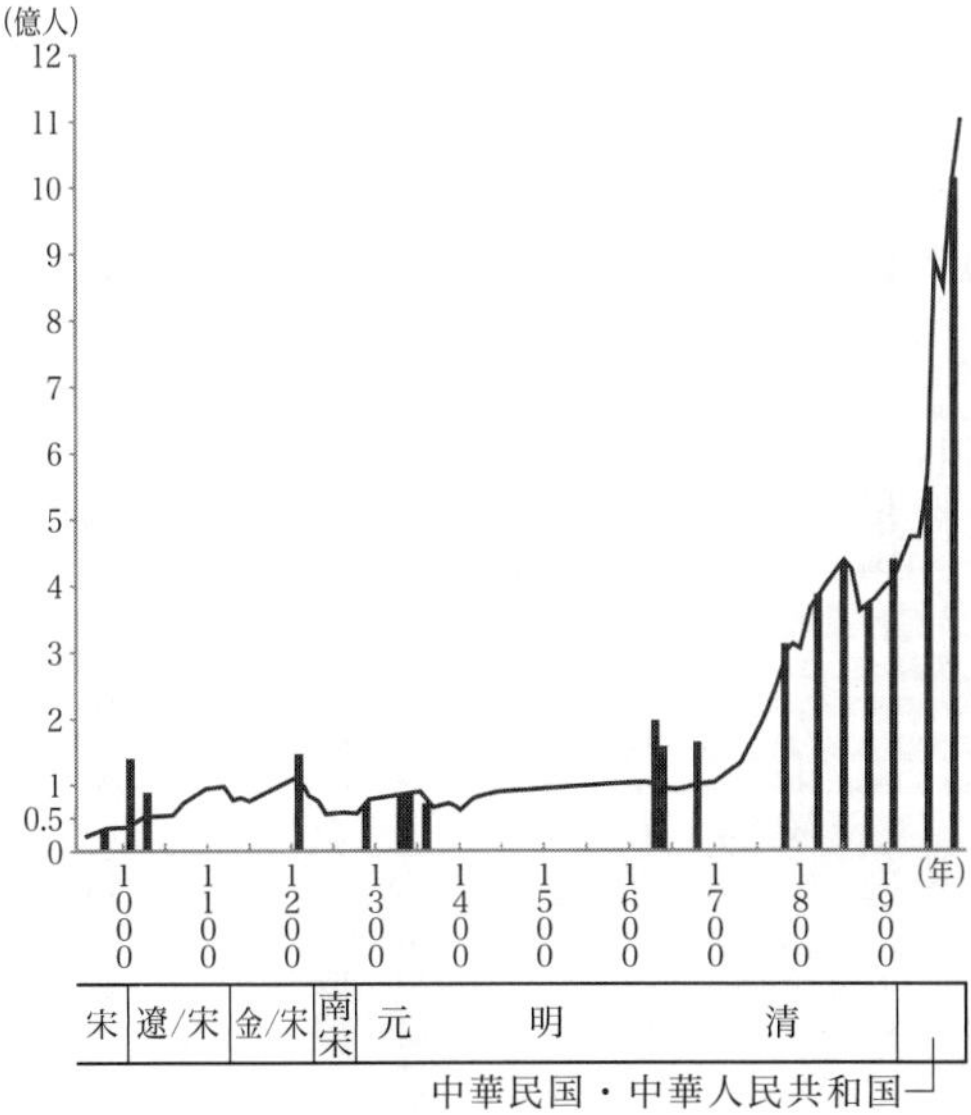

図 2–2

ところが、分量がほぼ二倍になるほどの大改訂だったにもかかわらず、元の「儒教」に書き加える形にしたため、「儒教と道教」はひどく読みにくいものになった。論理展開が一貫せず、データの精度も大幅に上下する。近世中国史の知識がないと、そもそも何を書いているのか、わからない部分も少なくない。

そのため、ウェーバー自身が「中心的な問題」「決定的な問い」とした点も見過ごされてきたが、この改訂からは、新たなデータをふまえて、どんな方向に議論を組み換えつつあったかが明瞭に読みとれる。――伝統中国は貨幣経済が未発達な社会ではなく、貨幣経済が発達し、遠距離商業の組織もある程度できていた。にもかかわらず西欧のような「合理的組織」は生まれなかった。それはなぜなのか、と。

なお大塚久雄はこの改訂部分をほぼ完全に無視している。近世中国でも貨幣経済が発達し富が蓄積されていたことは、彼の産業資本論にとって反証になるからだろう。

「禁欲倫理」と現実の会社

そう考えれば、会社の法制度の意味ももっと明確になる。

近代資本主義の決定的な特徴とされる「自由な労働の合理的組織」では、「自由」は二重の意味をもっている(→一・二)。一つはその組織に所属するかどうかを決める自由だ。現在の企業組織や公共機関でいえば、契約の自由としての就職選択の自由だ。従業員になるかどうかの自由だともいえる。

もう一つは、その組織に所属した後でどう働くかを従業員個人が決める自由、というか決めなければならない自由である。「会社員は機械の歯車だ」としばしば言われるが、たんなる機械の歯車であればむしろ楽だ。どう働ければ会社の事業により貢献できるかを、つねに自分で考えていくことを要求される。だから苦しい。

プロテスタンティズムの禁欲倫理も、やはりこの二つの自由の組み合わせになっている。その点で「合理的組織」と同型だが、同じものではない(↓一・三)。世俗内禁欲では第一の自由も第二の自由も、他人からみれば、信者であり事業者である個人の決定だ。信者にとっては第一の自由は神の決定だが、他人からみれば、そういう教理をその人が信じた結果にすぎない。つまり、それもその人が決めたことであり、その結果も全てその個人の責任になる。それに対して、「自由な労働の合理的組織」である会社や公共機関では、従業員の側に就職先を選択する自由があるが、実際に就職できるかどうかは組織の側が決める。

別の言い方をすれば、プロテスタンティズムの世俗内禁欲では、

神の決定　↓　人の決定

になっているが、この二つの決定の連鎖は信者個人の頭のなかのものでしかない。他の人からみれば、「「神の決定にもとづいて神の事業について自分は決定している」ことにしようと自分で決めた」だけだ、ともいえる。少なくとも社会的にはそうあつかわれる。

それに対して会社や公共機関などでは、他人からみても、

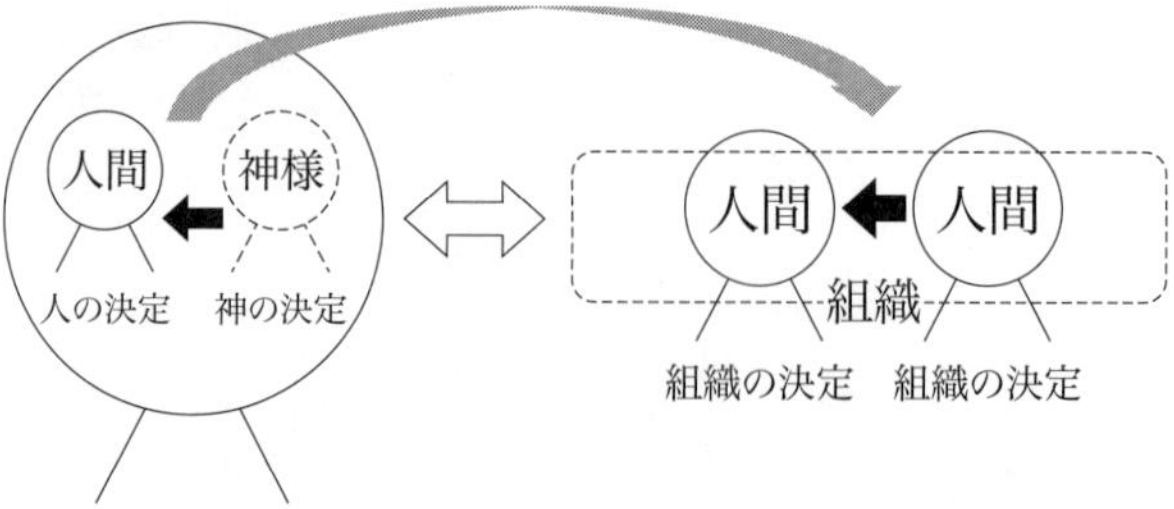

図 2–3　「禁欲倫理」と「合理的組織」の同型性

従業員として採用　↓　従業員としての決定

という二つの決定が接続されている。プロテスタンティズムの禁欲倫理では、第一の自由に対応するのは「神の決定」として、第二の自由に対応する「人の決定」と区別されるが、組織ではどちらも「組織の決定」とされる。特定の個人に注目すれば、第一の決定で採用されることによって、第二のいわば業務上の決定をになうが、その採用の決定も他の従業員による業務上の決定である（**図2–3**）。

それゆえ、組織においては、どちらの決定もそれが組織としての決定であることが、すなわち従業員の個人としての決定ではないことが求められる。そういう形で組織と個人を分離した「組織の決定」にもとづいて「組織の決定」を創り出していく。例えばある人を従業員として採用することを決めて、その人に特定の業務について決めさせる。

そうした決定の連鎖によって組織として決定していく。規則も手続きも、掲げる共有目的も、そのなかで決めて、決め直していく。そういうしくみができて初めて、特定の誰の人格にも（そして神にも！）帰属しない「人に拠らない」組織は成立する(↓一・三)。「家計と経営の分離」にもとづく「合理的な資本主義的経営組織」や「合理的な行政や司法」を継続的に営むことができる(↓一・四)。

会社法との関連

この区別はかなり複雑で、生じた結果が組織外のものか、組織内のものかによっても変わってくる。例えば、従業員が業務で決めたことによって何かの損害が生じた場合、一定の条件をみたせば、組織外の個人や組織に対しては、それは組織の責任になる。つまり組織が決めたこととしてあつかわれる。と同時に、その上で、組織内ではその決定がその当人によるものなのか、それとも他の担当者によるものかがさらに区別され、どこまでがその従業員当人の責任なのかをあらためて決めていくことになる。

「自由な労働の合理的組織」を成立させるためには、そういう複雑な取り扱いが必要になる。ウェーバーが『商事会社』でとりあげた共同責任制と会社固有の財産の組み合わせというのは、そういう扱い方が制度として用意されていることを示すものである(『社会経済史　下』前掲五九頁、*I/22-1* S. 152など)。

組織の決定と従業員個人として決めたことを組織内でも組織外でも区別し、かつ組織内と組織外での区別をさらに区別する。複数の人間の決定を「組織の決定」として接続させることが普及する上では、そうした制度が欠かせない。それこそ「上下・官民いずれにも適用される共通の法制が、政治・経済・社会を組み合わせて一体的にコントロールする」ことが求められる。だからこそ、〈a〉こうした協働のしくみがどのようにできてきたのか、だけでなく、〈b〉それがその社会でどのように受け入れられていたのかが、重要になる。『商事会社』の研究は、何よりもそういう意味で近代資本主義の起源に関わってくる。

まとめていえば、プロテスタンティズムの禁欲倫理からそのまま「合理的組織」は導き出せない。「人に拠らない」「合理的組織」が成立するには、①「神の決定」を、組織の決定に読み換え、②「人の決定」を、組織の決定と個人の決めたことを区別できる形にした上で組織の決定として読み換え、③それらを社会の制度として運営できるようにする必要がある。

だから、ウェーバーはもう一つの要因として、制度としての法人会社にも注目しつづけたのだろう。図2-3のようには明確に位置づけてはいなかったかもしれないが、禁欲倫理と近代資本主義の関連性を見出す以前に、近代的な会社の法制度の起源を調べて考えていた。フォン・クリースの適合的因果に出会うことで、それらが明確な視座をあたえられて、比較社会学の研究成果に成長していったのではないか。

禁欲倫理には①〜③が欠けているが、①の面では「神によって特に選ばれた」という強烈な自覚(預定!)をもち、②の面では、働く当人のなかで事業の運営と個人の欲望を厳格に切り離すことを要求し（禁欲！）、③の面では、少なくとも信者相互の間ではそういう形で働いていると了解されていた（信団！）。そうした点で「合理的組織」との間で、明らかな共通性も見られる。

近代への新たな視座――禁欲の倫理と「会社」の制度

だとすれば、近代資本主義は**①プロテスタンティズムの倫理**と**②法制度としての法人会社**という、少なくとも二つの原因をもつ（→二・一）。そう考えた方がウェーバーの著作の読解としても、社会科学の仮説としても、つじつまがあう（＝一貫性が高い）。この二つは成立した時代も場所も異なる。だとすれば、近代資本主義は特定の時点の特定の空間から、いわば「始まりの大爆発《ビッグ・バン》」のように出現してきたわけではない。

近代の始まりを「ルネサンス」や宗教改革、産業化といった特定の出来事に見出す考え方は、今も根強い。ウェーバーはその代表的な論者だとされてきたが、禁欲倫理と近代的な法人会社の制度はそれぞれ独自の歴史をもつ。だとすれば、両者の関連性ももう少し丁寧に考えた方がよい。

例えば、全ての構成員がともに、それゆえそのなかの誰にも特に帰属しない事業を分担するような、「会社《コンパニア》」の制度が限定された形にせよ、すでにあった。だからこそ、それと同型のプロテスタンティズムの禁欲倫理が、信者個人の頭のなかの了解から、社会へ出てくることができた。

そして、魂の救済という全ての人間に普遍的にあてはまる関心事に関わる禁欲倫理と同型だった。

だからこそ、もともとは都市の工業や商業に携わる、面識ある人々の間の制度であった「会社」のあり方が、全ての人が使える、そして全ての人がどこかの組織の構成員になりうるものになりえた。もともとは「みんなのもの」(=(α))であった「会社」を、より徹底的に「誰のものでもない」にしていく上でも、神の事業として観念する禁欲倫理は大きな後押しになった。そういう意味で「倫理的基盤を見出した」。

だから、こうした禁欲倫理が浸透していた社会では、所有と経営を分離した(=(β))法人会社のような組織形態もより受け入れられやすく、信用されやすい(↓一・三)。それによって事業経営や資本の調達もより効率的に進められる。——そのような形で原因①と②の相互作用を想定できる。

会社の組織は経済的な事業にだけ使われたわけではない。現在のアメリカ合衆国マサチューセッツ州政府の前身は「マサチューセッツ湾会社」という植民事業の会社だった(↓二・二)。マサチューセッツ湾に入植したピューリタン(プロテスタント)たちは、その会社法人を公共機関=「誰のものでもない」として読み換えることで、自分たちの信仰にあった社会を起ち上げた。それゆえ、その流れをくむアメリカ合衆国の社会は、「信仰者たちの教会」のような宗教組織だけでなく、同型のしくみをもつ法人会社の事業体にも親和的で、現代のような企業法人のあり方の先進地域にもなれたのではないか(詳しくは佐藤『近代・組織・資本主義』前掲参照)。

倫理論文の一九〇四~〇五年版では、ウェーバーはプロテスタンティズムの倫理と政治組織との関連性により注目していた(安藤英治『ウェーバー歴史社会学の出立』未來社、一九九二年)。つまり、こうした会社の使われ方には気づいていたが、両者がどのように関連していたのかは、もう少し先まで考えた方がよい。

信団社会のもう一つの顔

マサチューセッツのピューリタンたちは、たしかに個人の内面に政治的に介入することをあまりしなかったが、それはそこが神の審判の対象だったからだ。彼ら彼女らにとっての良心の自由とは、地獄に落ちる自由でもある。だから、異端とされた人間たちを殺すよりも、追放することを選んだ。追放された人間たちが自分たちの外部で、新たな社会を創立することには干渉しなかった。

現在のアメリカの州《ステイツ》でいえば、コネティカットやロードアイランドはそうやってできた国家《ステイツ》だ。裏返せば、もし異端とされた人々が元の植民地にとどまろうとしたり、戻ってこようとしたりすれば、容赦なく死刑にされた。そういう意味での参入/離脱の自由を、信団の社会は実現した。そこからどのように近代的な民主制の社会が生まれていったと考えられるかは、『近代・組織・資本主義』で述べたので、ここでは省略する。興味がある方は、そちらの方を読んでほしい。

一つだけつけ加えておくと、異端だとされた植民者たちは、別の土地で新たな社会を起ち上げられた。それによって政治組織に対する参入/離脱の自由が部分的に実現されて、国家を選ぶ個人を仮想的に想定することもできるようになった。ウェーバーも述べているように、それが近代的な自由と人権への重要な一歩になったが(『支配の社会学Ⅱ』前掲六五五頁、S. 678-79)、この自由にはさらに裏の顔がある。

異端とされた人々が新たな土地に入っていくことで、彼女ら彼らが感染していたインフルエンザや麻疹、天然痘などのウイルスもばらまかれる。それによって先住者たちの多くが死んでいくことで、「無人の地《フロンティア》」ができあがる。ピューリタンたちの政治的自由は、そのような形で現地の生活環境を「汚染」し、そこにあった社会も崩壊させたのではないか。一九世紀の半ばまで、「新大陸」の先住者たちは何度も感染症によって壊滅的な被害を受けている(木村前掲一三二頁)。それによって新たな社会を創る自由が実現されただけでなく、経済的な資源の調達も容易になったとすれば、「清浄な人《ピューリタン》」という名は強烈な反語《アイロニー》でもある。

「計算可能性」の社会的基盤

第二章でみてきた因果関係をまとめれば、図2-4のようになる。

太い実線はウェーバーの研究の最終段階、一九二〇年の時点で考えられていた関連性だ。例えば「儒教と道教」では、近世中国でも貨幣経済の下で富の蓄積が進んだとされており、禁欲倫理の勤勉さによる資本の蓄積は、少なくとも主要な要因とはいえない。それゆえ細い実線にした。

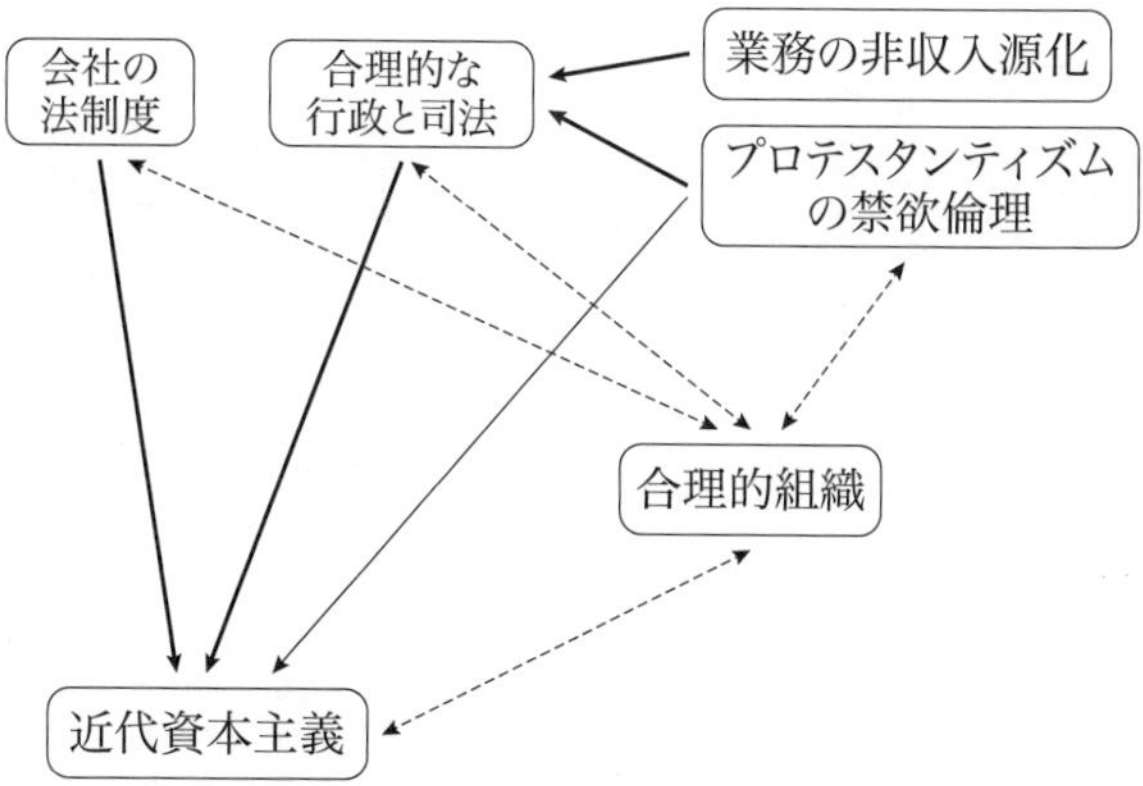

図 2-4　ウェーバーが想定した因果関係

明示された変数は実線で囲んだ。その全てに「合理的組織」が何らかの形で関わっている（点線の両方向の矢印）。プロテスタンティズムの禁欲倫理、合理的な行政と司法、会社の法制度のそれぞれの間には「合理的組織」を介した、さまざまな相互作用が考えられる。

　ウェーバーの近代資本主義論は経済だけをみていたわけではない。少なくともその前提となる法と行政、経営組織などのあり方もふくめて、その成り立ちを解明しようとした。彼自身は「資本主義を生み出したものは結局のところ、合理的な持続的企業、合理的な簿記、合理的な技術、合理的な法律であるが、これらだけでなく、合理的な心情、生活態度の合理化、合理的な経済エートスが補完的に付け加わらなければならなかった」（『社会経済史　下』前掲二三七頁、3/6 S. 383）みたいな言い方をしていたようだ。最初の「合理的な持続的企業」が②「人に拠らない」法人会社の制度、最後の「経済エートス」が①プロテスタンティズムの禁欲倫理にあたる。

「補完的」というのは、同じ役割をする何かが必要だが、必ずしも禁欲倫理でなくてもよい、という意味だろう。倫理論文しか知らない人は意外に思うかもしれないが、一九一八～二〇年に書かれた著作群では、ほぼ同じ結論になっている（「序言」前掲二二頁、S. 115-16など→二・一）。

このように「合理的組織」を基軸にすると、ウェーバーの近代資本主義論は一貫的に読める。二〇代の『商事会社』から「古代における農地関係」や「経済と社会」原稿群、そして『宗教社会学論集』や「社会学」原稿群まで、主要な著作を体系的に位置づけることができて、現代の比較史や経営史、経済史とのつながりも見えやすくなる。*『商事会社』の成果を「ウェーバーはその最後の社会学の著作にも組み入れている」とマリアンネも書いているが（『伝記』九一頁、S. 210）、これも日本では、青山秀夫をのぞけば、ほとんど無視されてきた。

実際には「儒教と道教」でも、中国における②法人会社の制度とその前提条件である都市法の不在（都市が法共同体ではないこと）はくり返し論じられている（同二五、一五九～六二、一七二～七四頁、S. 158, 265-68, 279-280など。なお丸橋充拓『シリーズ中国の歴史② 江南の発展』岩波新書、二〇二〇年も参照）。彼の膨大な研究が一貫性を欠くように見えたり、精密な類型論が味気なく思えたりしてきた理由の一つは、原因②の重要性が見失われてきたからだろう。

その意味でも、産業社会の解読者と呼ぶにふさわしいが、同時に大きな限界もある。「合理的組織」

のその合理性が十分に考え詰められていないのだ。わかりやすくいえば、「合理的」という、まさにその言葉で思考が停まる。その結果、さまざまな合理性を明確に区別せずに論じてしまう。

禁欲倫理の定義もその一つだ(→一・三)。消費を計画的に抑制することと、短期的な利益より長期的な信用を重視することと、事業を事業者個人から完全に切り離されたものとして運営することを、全て「合理的」で括ってしまう。それによって、プロテスタンティズムの特異性も、「資本主義の精神」や近代資本主義との関連性も曖昧になり、さまざまな解釈をうんできた。

彼の近代資本主義論のど真ん中にも、その限界は見出される。

近代資本主義は「合理的組織」による「計算可能性」にもとづく。「合理的組織」の典型は官僚制組織であり、それが「合理的な行政と司法」もになう。その官僚制組織の特徴はウェーバーによれば、垂直的な階統制にある。だとすれば、上下の権限関係が明確で、巨大な階統型の官僚制をもつ社会において、「合理的組織」にもとづく近代資本主義も生み出されるはずだ。

けれども、実際にはイングランド(イギリス)で最も早く産業社会は成立した。フランスやドイツなどの大陸ヨーロッパの社会に比べて、イギリスでは行政機関の官僚制組織はあまり大きくなかった。むしろ相対的には大規模でない官僚制をたもちつづけることで、大陸ヨーロッパとの国家間競争に勝ち残った(J・ブリュア、大久保桂子訳『財政＝軍事国家論の衝撃』名古屋大学出版会、二〇〇三年など)。

司法でも、イングランドは「コモン・ロー」と呼ばれる判例法の制度をとっている。体系的な成文法をもたず、法実務の専門職集団が判決を積み重ねながら、それにもとづいて新たな判決を生み出すしくみになっている。つまり、西欧のなかでは「合理的組織」がむしろ弱い社会で、近代資本主義が生み出されたことになる。

*それゆえ、ウェーバーの近代資本主義論を理解するには『宗教社会学論集1』「序言」や「儒教と道教」第一章〜第四章、『新秩序ドイツ』などの、一九一八年以降の著作を読む必要がある。社会科学の専門家ならば「基礎範疇」と『商事会社』と『社会経済史』も読んだ方がよい。また、原因②に関連ぶかい研究の翻訳としては、厚東洋輔による「経済と社会」原稿群の「法」と「ゲマインシャフト」の部分訳がある（『世界の名著61 ウェーバー』前掲、*I/22-1* S. 77–107, 114–61, *I/22-3* S. 484–598）。富永訳「基礎範疇」とあわせて主要な議論がまとめて読める。一・四も参照。

「合理性」と水平性

この点に関して、ウェーバー自身は『新秩序ドイツ』で次のように述べている（中村貞二ほか訳『マックス・ヴェーバー　政治論集2』三五三頁、みすず書房、一九八二年、*I/15* S. 453–54）。

……それに対して、近代資本主義の特性にあたるもの、すなわち合理的技術を基盤とする厳密に合理的な労働組織は、そのような非合理的に構成された国家のあり方の下では、どこにも成立しないし、成立しえなかった。なぜなら、このような、固定資本と正確な計算にもとづく近代的な経営形態は、司法と行政の非合理性にはあまりにも敏感だからだ。それは次のようなところでのみ成立できた。イギリスのように、法の実践的な形成が事実上弁護士の手のなかにあり、……さらに彼らのなかから「判例」を、すなわち計算可能な範式を厳守する裁判官が出てくるところ、そうでなければ、合理的法律にもとづく官僚制的国家のように、裁判官が程度の差こそあれ法律条項の自動販売機のようになっていて……裁判官の働きがいずれにせよ大体の場合において計算可能なところ、である。[1]

（注1）……近代の初期の資本主義は、官僚制の見本となるような諸国家（そこでは純粋な国家の合理主義から官僚制が成長したのであるが）では生まれていない。……

たしかに歴史的な事実からはそういわざるをえない。一九一五年の「儒教」ですでに、コモン・ローは経済取引に関しては「合理的ではないが、計算可能」と述べている（「儒教と道教」一七六頁、S. 282）。近代資本主義の前提条件にあたる「合理的な行政と司法」には、イングランド型と大陸ヨーロッパ型という複数の経路が想定されていた。

ならば、そこでいう行政と司法の合理性はどんなもので、その「計算可能性」はどのように成立するのだろうか。「合理性」という言葉はもはやその答えにはならない。「合理的法律にもとづく官僚制国家」でなくてもこれは成立し、「純粋な国家の合理主義」とはちがうものだ、とウェーバー自身も認めているからだ（牧野雅彦『マックス・ウェーバーの社会学』一四八〜四九頁、ミネルヴァ書房、二〇一一年も参照）。

その先に進むためには、**「合理的組織」とは何か**という問いを解く必要がある。幸い、その解のありかはこれまでの考察でかなり絞られてきた。

それは官僚制の階統制それ自体とは異なる。プロテスタンティズムの禁欲倫理と「資本主義の精神」に共通する、決定を委ねることと決めなければならない自由は、人格的な支配と服従ではない（↓一・二〜三）。「合理的組織」ではこれらは全て、組織それ自体が決めた、組織としての決定になる（↓一・四、二・二）。

さらに、それはコモン・ローの判例法を取り込めるものでなければならない。少なくとも近代資本主義の成立以降のコモン・ローは、「合理的組織」と同型だといえなければならないが（↓二・二）、判例法では一つの判決が別の一つの判決をつくりだす。ここでも垂直的な階統制ではなく、むしろ水平的な結びつきがでてくる。

「合理的組織」につながる合名会社の共同責任制と信団の社会にも、それぞれの構成員が異なる業務につきながら対等に連携するという共通性がある（↓一・四、二・二）。付け加えれば、倫理論文で「資本主義の精神」の実例とされたウェーバー&商会は、生産部門と販売部門を統合した点でも革新的であった(↓一・二)。ここにも二つの異なる部門の水平的な連携が見てとれる。「基礎範疇」の16節ではこうしたあり方を「労働の専門化とその結合」と呼んで、オーケストラの演奏と同じものだとしている。

ウェーバーからルーマンへ

このような、異質なものの間の水平的な結びつきを、ウェーバーも亡くなる直前の研究では「合理的組織」の固有な特徴として位置づけているが、『商事会社』での合名会社論と『宗教社会学論集1』での信団社会論と「支配」や「支配の諸類型」での官僚制論を統合するところまでは行けなかった。これらの間に何らかの内在的な関連性があると考えていたが、明確な形にはできなかった。例えば「信仰者たちの教会」は禁欲倫理と法人会社を結ぶ環になりうるが、「労働の専門化とその結合」を特徴とする「資本主義的な労働組織」とこれがどこで共通するのかは、信団論文でも明示されず(*I/18* S. 545)、信団の組織原理と「個人主義」の関連性を示唆するだけで終わっている。

一言でいえば、ウェーバーは自分自身が見出した「合理的組織」とは本当はどんなものなのかを、明確にとらえることには失敗した。だから、プロテスタンティズムの禁欲倫理と近代資本主義がどのように関連するのかに関しても、曖昧で混乱した議論を残した。

「合理的組織」とは何かを解くことは、それゆえ彼以降の社会科学の展開に委ねられることになった。ニクラス・ルーマンの自己産出的な組織システム論と、それを一般化したコミュニケーションシステム論の構築は、そこに関わってくる。「資本主義の精神」をめぐる探究の、一つの終着点もそこにある。次の第三章ではそれをとりあげよう。

第三章　組織と意味のシステム

——二一世紀の社会科学へ

一　「合理的組織」の社会学

ウェーバーの「失われた環」

第一章と第二章でみてきたように、多様で横断的なウェーバーの社会学は、研究主題の面でも方法論の面でも、実は一貫性がある。ウェーバーは近代資本主義というしくみがどのように成立していったのかを、比較分析による因果特定という方法でつきとめようとした。法学から経済学、そして社会学へ分野を転じながら、研究全体は体系的に構築されており、経験的な研究としても今も活きている。

しかし、その中心部にはまだ大きな空白がある。彼自身が近代資本主義の決定的な特徴とした「自由な労働の合理的組織」は、本当はどんなしくみで成り立っているのか。ウェーバー自身はそれを最後まで考えきれないまま亡くなった。それゆえ、これが〈a〉業務の特性としてどんな性格をもち、〈b〉社会にどのように受け入れられていったかを、十分に明確にはできなかった。

第三章ではウェーバーが亡くなった後の社会学や組織論の研究、特にニクラス・ルーマンの組織システム論をふまえて、それらを明らかにしていく。その準備としてまず、ウェーバーがどこまで考えたかを確認しておこう。

序章で述べたように、ウェーバーが生きた時代に、ドイツの産業社会はその姿を明瞭にしていった。国家や自治体、企業だけでなく、大規模な宗教団体などもふくめて、産業社会では主要な部分が官僚制組織によって営まれる。一九世紀後半から二〇世紀初めは、人類史上初めて、巨大な組織(官僚制)が社会のさまざまな領域で営まれ、社会全体を動かすようになった時代でもある。その点でもドイツは欧米のなかでも「先進国」であり、だからこそウェーバーも「合理的組織」とは何かを切実な探究課題として考えつづけた。倫理論文はそんな同時代の社会の姿を映し出している。

ドイツの産業社会と組織

当時のドイツ語圏ではさまざまな大規模な組織が創られ、試行錯誤しながら運営されていた。そのうちいくつかは消えていったが、激しい環境変化のなかで生き残ったものもある。第一章でとりあげた「ラーヴェンスベルク紡績工場」やウェーバー&商会もその一つだが、日本語圏でも有名な企業でいえば、「ダイムラーベンツ」(一八八三年設立)、「BASF」(一八六五年)、ジーメンス(一八四七年)、「ボッシュ」(一八八六年)、「バイエル」(一八六三年)、「ティッセン・クルップ」(正確な設立年不明)などもそうだ。そのなかで、企業組織の従業員として生計をたてていく人たちも、一つの階層として形成されていく(雨宮前掲、田中前掲など)

企業だけでない。序章でも述べたように、ウェーバーが正規教員として勤めた大学はプロイセン、バーデン、バイエルンの三つの領邦にわたるが、それぞれの大学や各邦の文部省の間で、優秀な教員の引き抜きあいをやっていた。ウェーバーの人事採用もその一つだった。産業振興策や労働者政策、軍の整備などでも、各邦は相互に学習しつつ競いあっていた。ウェーバー&商会の創立も、リッペ侯国にとっては優秀な事業者の受け入れ施策だっただろう。

さらにハンブルクやブレーメン、フランクフルトなどの旧自由都市も、法制上は各邦と同格の国家であり、都市経営の上では他の大都市とやはり活発に競争していた。父マックスもその一人だった都市専門職官僚は、そのなかで業績をあげてより高い地位を得るために、都市間を異動していた。ウェーバーがエルフルトに生まれ、ベルリンで育ったのもその結果である(↓序・二)。

複数の企業と複数の国家と複数の都市。そのそれぞれで大規模な組織による運営がなされ、相互に学習し競争していた。ウェーバーの同時代のドイツ語圏の産業と社会はそういう状況にあった(馬場哲『ドイツ都市計画の社会経済史』東京大学出版会、二〇一六年。今野元『ドイツ・ナショナリズム』中公新書、二〇二一年など)。そのなかで、巨額の資本投下を成長の主な推進力とする経済のしくみが形成され、公共機関の官僚制も生成し、盛衰していく。ウェーバーの人生の間でも、第一次大戦の敗戦でハプスブルク帝国の官僚制は消滅し、ドイツ帝国の官僚制も少なくとも別の国家形態へ移行せざるをえなくなった。

序章や第一章でみたように、ウェーバーの家族史や個人史はその一部でもある。「権威主義の専制国家」というイメージだけだと、大きく誤解しかねない。国家や自治体でも一九世紀のドイツはフランスに比べて、より分権的で、より専門知識にもとづき、階層的にもより開かれた官僚制をもっていた(谷口健治『バイエルン王国の誕生』山川出版社、二〇〇三年。岡本託『近代フランスと官僚制』昭和堂、二〇二一年など)。

ウェーバーの官僚制論の構成

「支配の諸類型」や「支配」(→著作年譜)では、そうした同時代の社会のあり方が「合理的支配」として考察されている。その「合理的支配」をになうのが近代的な官僚制組織で、国家や自治体、企業、さらには労働組合や宗教教団などにも広くみられる。「自由な労働の合理的組織」も、こうした種類の官僚制組織である。

その特徴は次のように描かれている(『支配の諸類型』前掲一四〜三二頁、S. 456-59など。なお項目番号は独自につけた)。

(Ⅰ)規則にもとづいて継続的に職務の業務を運営していく
(Ⅱ)権限の範囲内で行われる
(Ⅲ)職務の上下による階統制をもつ

(Ⅳ)専門的な訓練を受けた人間が担当する
(Ⅴ)職務とそれを担当する個人の人格が分離されている(職場と家庭、公的文書と私的文書の分離、業務にもとづく収入と担当する個人への報酬の分離など)
(Ⅵ)文書にもとづく

そして、これらの条件をみたす組織が、

[Ⅶ]業務の遂行においてすぐれた成果を見せる

とされている。要するに、官僚制組織は「職務 Amt」(英語でいえば "office/private" の office にあたる)の集まりであって、その集まりの特徴を(Ⅰ)〜[Ⅶ]にまとめた。それがウェーバーの官僚制論になっている。

実際、(Ⅰ)〜[Ⅶ]はウェーバーによる官僚制組織の定義として紹介されることが多いが、官僚制組織の経験的な研究では、社会学でも経営学でも、早くから疑問が投げかけられてきた。少なくとも、そのまま受け入れられるものではない、と考えられてきた。

ウェーバーの「結果の矛盾」

詳しい知識がなくても、何が問題かはわかるだろう。(Ⅰ)〜(Ⅵ)と［Ⅶ］は命題の種類がちがう。(Ⅰ)〜(Ⅵ)は官僚制組織の制度的な形態に関わるもので、権限構成や規則に関わる文書などから知ることができる。それに対して、［Ⅶ］は官僚制組織の成果《アウトプット》に関わるもので、組織の文書を読んでも本当にそうかどうかはわからない。何らかの基準を設けて（先行変数群を統制して）成果を実際に測定してみないと、どの程度あてはまるのかもわからない。

ウェーバー自身の研究にそって考えても、会社法の専門家だったウェーバーはそれこそ法制度もふくめて、(Ⅰ)〜(Ⅵ)に関しては詳しく知っていた。それに対して、［Ⅶ］の正確な測定はやっていない。彼の研究の上でも(Ⅰ)〜(Ⅵ)は経験的事実だが、［Ⅶ］は推測である。

社会学のなかでこのズレを最初に明確に指摘したのは、おそらくR・K・マートンの「官僚制の逆機能」論だろう（「ビューロクラシーの構造とパースナリティ」一九四〇年、森東吾・森好夫・金沢実・中島竜太郎訳『社会理論と社会構造』一八一〜八四頁、みすず書房、一九六一年）。第二次大戦の前後から、マートンたちはコロンビア大学を拠点として、行政の官僚制組織の経験的な研究を始める。参与観察（組織エスノグラフィ）などの手法で、実際の組織を具体的に調べたのだ。それによって、(Ⅰ)〜(Ⅲ)の程度と［Ⅶ］の程度は必ずしも一致しないことを見出していく。(Ⅰ)〜(Ⅲ)が強まることで［Ⅶ］が弱まる事例も少なくない。P・ブラウも(Ⅰ)〜(Ⅵ)と［Ⅶ］が異質な命題であることをはっきり指摘している

(Peter Blau, *The Dynamics of Bureaucaracy* (*revised ed.*), p. 251, The University of Chicago Press, 1963)。詳しい紹介は省略するが、ウェーバーの議論にもこの不一致は見出される。マートンはそれをウェーバーの「結果の矛盾」と呼んでいる。

業務のあり方という変数

だとすれば、(Ⅰ)〜[Ⅶ]は並列的なものではなく、その間には独自の関わりあいがある。(Ⅰ)〜(Ⅵ)だけをみても、(Ⅳ)と(Ⅴ)は(Ⅰ)〜(Ⅲ)のように組織が動くための前提条件にあたる。(Ⅵ)は(Ⅰ)〜(Ⅲ)の前提でもあり帰結でもある。それゆえ基本的には、

(Ⅳ)〜(Ⅵ)　→　(Ⅰ)〜(Ⅲ)

という関係がある。(Ⅳ)〜(Ⅵ)がなければ(Ⅰ)〜(Ⅲ)は成立しない。(Ⅳ)〜(Ⅵ)の程度が強まれば(Ⅰ)〜(Ⅲ)の程度も強まると考えられる。

官僚制的組織の前提条件として特に重要なのは(Ⅴ)だ。(Ⅰ)〜(Ⅵ)ならば、中国社会で成立した律令制の法や行政にも見られる。他にもオスマン・トルコ帝国など、ある程度大きな国家の行政は規則や文書にもとづくものが多い。ウェーバーも「儒教と道教」で、規則や文書にもとづく業務ではなく、

職務と個人の生計や人格との分離が中国には欠けていたと書いている。

逆に、(V)職務と個人の分離があれば、(I)〜(III)や(VI)は生じやすい。職務と個人を分離するには、携わる人間の心理とは別の何かにしたがって職務を行う形にする必要があるからだ。そのためには、その個人には帰属しない規則や目的、その意味で組織それ自体の規則や目的を設定し、文書化し、それらにしたがって業務する形がやりやすい。

一・四で述べたように、『商事会社』の研究も、西欧の会社法の制度で(V)がどのように成立してきたのかを探究したものだ。「合理的な行政や司法」にとっても、公共機関で(V)が実現できていることが前提条件になる。さらに「信仰者たちの教会」という信団の宗教組織を構築する上でも、(V)は決定的に重要になる。同じように罪深い人間たちの間で、特定の誰にも帰属しない教会や公共機関を創出して運営する必要があるからだ(→二・二)。

それに対して、(I)〜(VI)の程度が上がっても[VII]の程度は上がったり下がったりするとすれば、その間には「何か」が介在している。それによって(I)〜(VI)と[VII]の程度の関係が逆転したりすると考えられる。ウェーバー以降の官僚制組織の経験的研究は、その何かを突きとめる探究だったといってよい。

その「何か」が何であるかは、抽象的にはもう明らかだろう。〈a〉業務のあり方にあたるものだ。つまり実際には、(I)〜(VI)と[VII]の間に、独自の要因として〈a〉が介在する。それによって(I)〜

（Ⅵ）の程度が上がっても［Ⅶ］の程度は上がったり下がったりする。

階統的な業務処理のイメージ

ウェーバーも〈a〉業務のあり方を無視していたわけではない。『商事会社』はむしろそこに踏み込んでいる点で、法制史をこえて、組織社会学の研究にもなっている。会社の事業に積極的な関心をもち、工場調査の経験もあるが、官僚制論では（Ⅰ）〜（Ⅵ）にくり込んだ形で業務のあり方を考えていた。

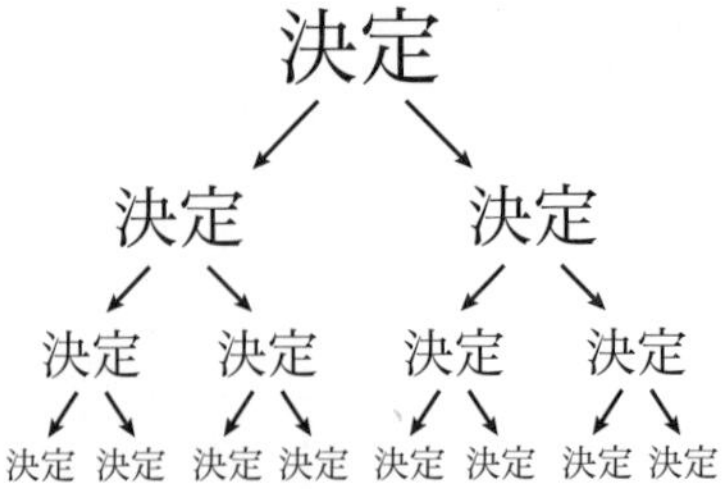

図 3-1　階統的な業務処理のイメージ

具体的には、**図3-1**のような階統型の業務処理が想定されていたようだ。上位者が全体に関して重要で基本的なことを決め、下位者はそのなかの自分が担当する部分についてより細かい点を決めていく。その積み重ねで課題を処理していく。今でもこうしたものが「合理的組織」だと思っている人は多い。

こう考えた場合、（Ⅲ）の程度が上がれば［Ⅶ］組織の成果も上がる。だとすれば、〈a〉を独自の変数としてとりあげる必要はない。（Ⅰ）〜（Ⅵ）と［Ⅶ］を同列にあつかえて、（Ⅰ）〜［Ⅶ］で「合理的組織」が十分に定義されたことになる。

もちろんそれによって、（Ⅰ）〜（Ⅵ）の程度が上がっても［Ⅶ］の程度は上がったり下がったりするという事態は説明できなくなるが、裏返せば、そうした経験的な事実を無視すれば、「合理的組織」をとらえられたことにできる。ウェーバーの場合、無視したというよりも、「矛盾」をうまく解決できないまま亡くなったといった方が適切だが、空白のまま残したことには変わりない。

その結果、(Ⅰ)〜(Ⅵ)と[Ⅶ]は異質なものであるにもかかわらず、ともに「合理的」と呼ばれつづけた。(Ⅰ)〜(Ⅵ)による合理性、例えば規則や目的などの組織それ自体の理由や根拠にもとづいて業務が進められるという形式合理性と、[Ⅶ]の意味での合理性、すなわち費用対成果における効率性や能率の高さが明確に区別されないまま、「合理的組織」や「合理的支配」が論じられるようになった。

そのことがウェーバーの近代資本主義論や官僚制を一方では混乱したものとし、もう一方では神秘化してきた。彼自身も複数の合理性が並存していることに注意を促しながらも、「脱呪術化」のような表現を使うことで、あたかも単一の「合理化」の力がそこに働いているかのような描き方もした。

「資本主義の精神」と業務のあり方

(Ⅰ)〜[Ⅶ]は「合理的組織」の特性を列挙したものにすぎない。「合理的組織」とは何かに答えるためには、**これらの特性がどんなしくみによって実現されているのか**、言い換えれば、「職務」の集まりがどんなしくみで動いていくことで(Ⅰ)〜[Ⅶ]の特徴が生じてくるのか、を解明する必要がある。

例えば、(Ⅰ)〜(Ⅵ)だけでいえば、[B]のウェーバー&商会よりも[A]の「ラーヴェンスベルク紡績工場」の方が、はるかに合理的だ(↓図1-1a)。逆にいえば、「資本主義の精神」の具体的な事例として、ウェーバーは[A]ではなく[B]の企業をあげた。そのこと自体が、「自由な労働の合理的組織」はたしかに上下の階統制をもつが、それだけではなく、別の、決定的に重要な何かがあることを示す。その鍵となるのはやはり(Ⅰ)~(Ⅵ)と[Ⅶ]の関係、すなわち二種類の合理性の間の関係だ。

業務のあり方としては、階統型の業務処理が強い組織は決して効率的ではない。こうした組織では、ある時点でなされた上位者の決定が、それ以降の全ての下位者の決定を縛ることになるからだ。一見しっかりした、立派な組織に見えるが、現場から遠い、かつ時間的にも旧い決定を守っていかなければならない——そうした形で組織を運営することになり、環境の変動には対応しづらく、硬直した意思決定になりやすい。

もしカール・Dがウェーバー&商会をこうした形で運営していたら、大成功をおさめるのはむずかしかっただろう。小規模な、手織りの高品質の製品にただ特化した企業なら、以前からあった(↓一・二)。特に革新的なものではない。社会学の世界、特に日本語圏の社会学では、ウェーバーの官僚制論は有名で、そのまま信じられていることも少なくない。ウェーバーの官僚制批判をなぞる形で、企業や公共機関の問題点が論じられたり、その限界が批判されたりする。

けれども、実際の組織で働いてみれば、的外れとまではいわなくても、かなり一面的であることに気づかされる。規則通りに運営されるといっても、具体的な状況にどの規則をどうあてはめるのか、その解釈から頭を悩ます。上司の指示は大事なところが抜けており、訊き返しても「そんなことは自分で考えろ」と言われる。むしろ遅れた情報による判断や現実離れした計画を押し付けられて苦労する。

機械の歯車どころか、誰に本来の権限があるのかさえはっきりしないうちに、自分で決めて前に進まなければならないことが山ほどある。型通りで処理できる案件もあるが、それだけやっていれば「使えない奴」になるか、手遅れになってしまう。そうした経験を重ねると、ウェーバーの官僚制論には「組織で動く」「組織を動かす」上で大事な何かが、抜け落ちているのがわかってくる。

おそらくウェーバーは、組織で働くのは下手だっただろう。個人としてはとても有能だが、それ以上に自己評価が高くかつ時間管理ができない。こうした人は協働していくなかでは、むしろ「お荷物」になりやすい。それに対して彼の指導教員だったL・ゴルトシュミットは、大学の官僚制組織の動かし方もよくわかっていたようだ。ウェーバーの博士論文だった『商事会社』を教授資格論文にも使うという、審査規則が全く想定していない事態をうまく乗り切っている。ウェーバーもそれを見ていたはずだが、官僚制論では活かせなかった。

コミュニケーションとしての組織

そこに官僚制の観察者としての彼個人の限界もあったのだろうが、もし他の人が「組織で動く」

「組織を動かす」ことをもっと的確に表現していれば、それを理解する能力は十分にあったと思う。実際には、ウェーバーのほぼ一世代の後から、そうした学術研究は明確に姿を現してくる。

ウェーバーが指導教員となった研究者の一人に、R・リーフマンという経済学者がいる。フライブルク大学の正嘱託教授を務めていたが、ユダヤ系だったため、NSDAPの政権奪取後に大学を追われる。当時の学長はあのM・ハイデガーで、「M・ウェーバーの周りの、リベラルで民主的な……知識人のサークル」が大嫌いだった。ウェーバーが亡くなるまで交流があったリーフマンなどは（*2/10* S. 946–54など）、喜んで追放しただろう。* その後、国外に送られてフランスの収容施設で亡くなるが、彼を救出しようと最後まで奔走した人がいた。P・F・ドラッカー、第二次大戦後に「ドラッカー経営学」で世界的に有名になる、あのドラッカーだ（Gerold Blümle und Nils Goldschmidt, „Robert Liefmann," S. 148, N. Goldschmidt (hrsg.), *Wirtschaft, Politik und Freiheit*, Mohr Siebeck, 2005）。

一八七四年生まれのリーフマンも経営に関心があったようだが、少し後、一八八六年にアメリカ合衆国に生まれて、アメリカ電話電信会社AT&Tで経営管理者として働いたC・バーナードの『経営者の役割』（一九三八年）によって、「組織で動く」「組織を動かす」ことが社会科学的に考察されるようになる。バーナードは組織を「協《コー》 働《オペレーション》」のしくみとしてとらえた（↓一・四）。それを受け継ぐ形でH・A・サイモンの『経営行動』（初版一九四七年）は、組織を意思決定の連鎖としてモデル化した。経営学の分野では、このような組織のとらえ方を「意思決定理論」と呼んでいる。

一九世紀以降の産業社会の歴史は、さまざまな組織の生成と盛衰と消滅の歴史であった。そのなかで見出されてきたのは、同時多発的な業務処理ができる分業(協業)は時計の歯車の組み合わせとは異なる、ということだ。公式・非公式な回路を通じた膨大なコミュニケーションが必要で、それを欠けばどれほど高価な設備を導入しても無駄な投資に終わる。その意味で、組織はコミュニケーションの連なりだと考えられるようになった。

協働の中核もむしろそこにある。それも大規模な組織ほど、あるいは革新的な分野ほど、すなわち資本主義のなかで多くの利益が望める部分であればあるほど、そうなる。規模が大きくなるほど内部は複雑になり、革新的であるほど、機械の製造にせよ工程の改良にせよ、新技術の開発にせよ、型通りだけではやっていけない。決まった規則をあてはめるだけでは、うまく運営できない。

そうした事態がくり返され、やがてそのこと自体も反省的に観察されて「社会学 sociology」とも呼ばれるようになる(DeLano Hine 前掲 pp. 27–29→一・二)。それによって、A・スミスやK・マルクスのような一九世紀までの経済学とも、さらに旧い伝統をもつ官房学ともちがった形で、組織や「経営」が独自の研究対象になり、ウェーバーの官僚制論もその草創期の研究として位置づけられていく。

経営学の意思決定理論はその一つであり、先ほどふれたマートンやブラウ、P・セルズニックら、コロンビア学派の社会学者たちの官僚制研究も、その一つである。第二次大戦後、ドイツ語圏にもこうした経営学や社会学の組織研究が輸入される。そのなかで組織社会学の代表的な研究者となっていったのがN・ルーマンである。

序章で紹介したように、ルーマンはウェーバーとはちがい、官僚として実際に働いていた。彼自身が組織の内部から「組織で動く」「組織を動かす」ことを観察し経験していた。その一方で、ルーマンは強烈な理論志向の持ち主でもあった。自分が観察し経験したことを、理論的な術語と論理で表現したい。そういう意欲と意志を強烈にもっていた。

その二つが出会うことで、組織の研究としても、そして社会の研究としても、新たな地平が切り開かれていく。「合理的組織」を実現するしくみの解明に、ルーマンは踏み込む。ウェーバーが残した空白はそのなかで解かれていくのである。

＊『社会経済史』の二人の編纂者、S・ヘルマンとM・パリィもユダヤ系だった。リーフマンと同じく一九三三年の追放令で大学の教職を遂われ、パリィは国外に脱出しオックスフォード大学やシカゴ大学の講師などをへて、一九四〇年にノースウェスタン大学の教授に就く。国内にとどまったヘルマンは姉妹とともに一九四二年七月、テレージエンシュタットの収容所に送られ、同年末に亡くなる(3/6 S. 61–62)。この収容所は親衛隊中佐A・アイヒマンによって管理されていた。アイヒマンはリーフマンのフランス移送にも関わっている。

二　組織システムへの転回

組織研究の百年

ウェーバーは官僚制組織の業務を階統型でとらえていた（↓図3-1）。階統型の業務処理では、下位者は上位者よりもつねにより小さく、より重要でない決定しかできない。現場に近づけば近づくほど、裁量の余地はなくなり、指示通りにふるまうしかなくなる。そういう形で職務の集まりができていると考えた。

それに対してルーマンは、経営学や社会学の経験的な研究をふまえて、実際の官僚制組織ではむしろ水平的な形で決定の分業が行われていることを指摘した。ウェーバーが経験的な事例では気づきながらも、官僚制のモデルには取り込めなかった水平性に焦点をあてたわけだ。ウェーバーの生誕百年にあたる一九六四年には、ウェーバーの官僚制論をとりあげた「目的・支配・システム」という論文を発表する（N. Luhmann, „Zweck - Herrschaft - System," *Schriften zur Organisation 1* 前掲 S. 153–84 など、大黒岳彦訳「目的・支配・システム」『現代思想』四八（一七）、二〇二〇年）。そのなかではこれを「水平的レベルでの協働という合理化」（一九三頁、S. 168）として述べている。官僚制論の解説としてもまとまっており、ウェーバーの著作も「工業労働」をふくめて、かなり丁寧に読み込んでいる。

この論文の冒頭でルーマンは、ウェーバーの官僚制論が本格的な組織研究の最初期に書かれたことに注意を促してから、それ以降の研究をふまえて、組織の業務のあり方が階統型から外れる面を一つ一つとりあげていく。「部下が上司よりしばしば専門性が高い」「大規模な組織では外部との接触を事実上、下位に大幅に委任せざるをえない」「下位者の学習能力が関心を集めている」「公式に付与された命令権限と決定の実際の影響力は大きく乖離しうる」「はっきりした命令は実際のコミュニケーションではきわめて稀である」「全ての規則や命令を正確に適用することは機能的に意味があるのか、という疑問」……。そういう形で、ウェーバー以降の経験的な官僚制研究で見出された主要な論点を的確に要約しながら、水平的な協働のあり方を明らかにしていく。

ただし専門的な研究の紹介と考察なので、文章自体はかなり凝縮されている。三・一までの議論をふまえて少し翻案しながら、ルーマンが展開した新たな官僚制組織のモデルを解説しよう。

変動する環境と組織の決定

国家にせよ企業にせよ、産業社会における組織は互いに競争する関係にある(↓三・二)。ある組織、例えば特定の国家が新たな動きをみせれば、並列する同種の組織、すなわち他の国家もそれに対応せざるをえない。そうした組織間の競争は別種の組織にも影響する。国家の政策が変われば、企業もそれに対応せざるをえない。

一つ一つの組織からみれば、こうした多重の相互作用は自分自身の環境がたえず変化していくことを意味する。つまり、産業社会における「合理的組織」はつねに変動する環境の下に置かれている。そのなかで新たな変化を具体的に見出し、対応していかなければならない。

その点で階統型が強い組織は大きな困難をかかえる。上位者の、より重要でより基本的な決定ほど、情報が乏しくかつ旧いものになってしまうからだ。そのため、重大な事態の変化にもついていきにくいし、新たな情報や知識も取り込みにくい。産業社会の官僚制組織は、そうでない社会のそれとは全くちがう課題にさらされているのだ。

言い換えると、組織における決定は時間とともに進んでいく。そのなかで適切な決定をして環境の変化に対応していかなければならない。効率という点でも、時間は重要な要素になる。同時多発的な業務処理をうまくできるかどうかは、「合理的組織」にとって死活問題である（↓一・二）。

そのために採られてきたやり方はすでに述べた。上位から下位へ、前から後へ決定を委ねていくことである。いうまでもなく、それは決定を押し付けることや先送りすることとは全く異なる。現時点で何がわかっているか、何を決めておけるかを見極めながら、事前の調整を図りつつ大枠を決めておき、下位者の決定や時間的に後の決定ができるだけ適切になされるように考えながら、決めない部分を残していく。委ねることもまた明確に決定であり、もちろん委ねることから生じる責任も引き受けなければならない。

自発的協力が欠かせない

新たな課題に取り組むときも同じだ。そもそもどこが主に担当するかから話し合う必要がある。関連する部門はほとんどの場合複数あり、どこがどんな形でどの程度協力するかに関しても、前例がないので一から協議する必要がある。各部門を束ねる上位者が担当部門を決めて、他の部門に「協力しろ」と命令したところで、大して変わりはない。その課題の解決に必要な、具体的な情報も知識も上位者はもっていないからだ。「関連する情報や知識は全部提出せよ」と命令すれば、裸の情報や知識が山ほど送られてくるだけだし、「優先順位を付けろ」と命じても、付いた順位がどこまで信頼できるか、わからない。そうした点の確認から始めれば、実際に取り組むのがさらに先になってしまう。

要するに、組織が取り組むような課題には多くの関与者がおり、その自発的な協力をえる必要がある。命令によって強制的にやらせようとすれば、かえって余計な時間と手間がかかる。上位者の命令は自発的な協力を引き出す手段であって、自発的な協力の代替にはならないのだ。

組織の規模が大きくなればなるほど、取り組む課題が複雑で困難になればなるほど、上位者が直接管理できなくなり、下位者に、より現場に近いところに、任せるしかなくなる。いや、任せるからこそ規模を大きくできるし、複雑で困難な課題に取り組める。変動する環境のなかで組織が生き残るには、そうせざるをえない。

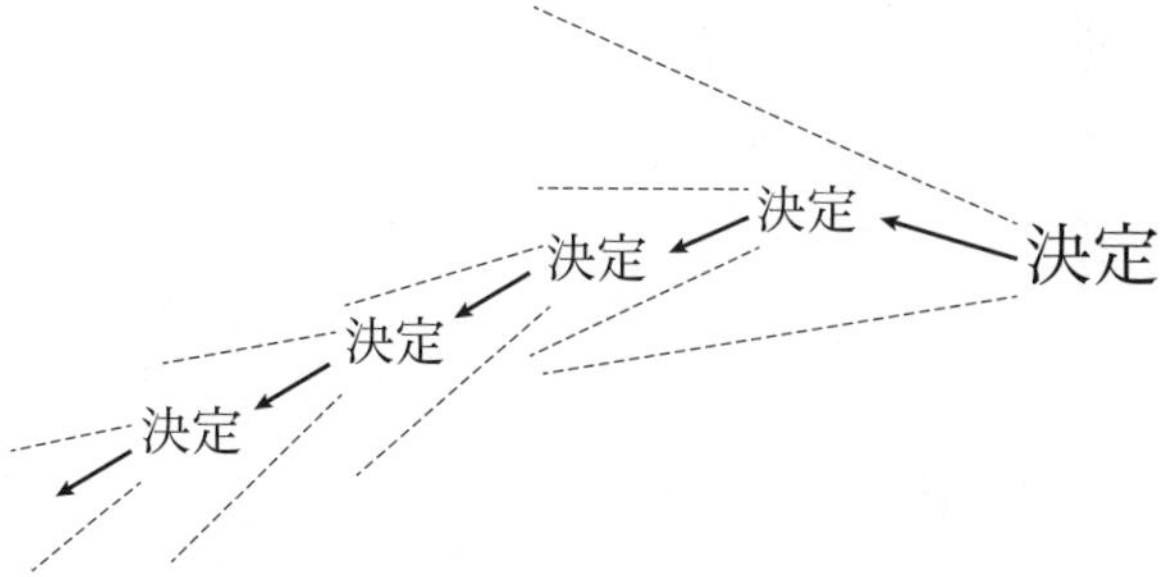

図3–2　連鎖型の意思決定モデル

そうした業務のあり方をうまくとらえるためには、決定のあり方を時間の流れとともに位置づける必要がある。例えば**図3−2**のような形だ。

図の上下は決定内容を一次元で表現したもの、右左は時間の経過を示す。右が前、左が後で、いわば意思決定の時空図にあたる。各決定から延びる二つの点線は、その決定で「定められたことの範囲」、すなわち権限による拘束を示す。いうまでもなく、より強い権限をもつ上位者の決定ほど、より広い範囲でその後の決定を方向づけられる。図3−2でいえば、最初の決定は後につづく二つの決定を拘束できる。

けれども、一つの決定で全てを決められるわけではない。自分がやった決定を後で変更せざるをえなくなることもあるし、後任者によって変更されることもある。同僚と協力しつつ、業務を分担して進めていくことも少なくない。いずれにしても、全ての決定は多くのことをその後の決定に任せざるをえないが、後の決定は前の決定を、何らかの形で必ず前提にしている。図3−2の太い矢印は（上下の権限関係ではなく）そうした前提化による引き継ぎを表す。

意思決定の時空

それゆえ、後の決定は直前の決定から大きく離れることはできない。例えば「（ある決定を）無かったことにする」決定ですら、その前の決定を前提にしており、影響を必ず被る。その後の決定が前の決定にもとづくものである以上、前の決定を本当に無化することはできない。

と同時に、全ての決定は時間性をおびる。したがって、後の決定、さらにその後の決定、さらにさらにその後の決定、……と積み重ねるうちに、最初の決定が決めた範囲からより自由になっていく。上位者と下位者の間でさえ、下位者の決定が積み重ねられるなかでちがう方向性が共有されていけば、上位者の決定から実質的に方向転換できる。連鎖というのはそういうことでもある。

その意味で、前の決定を前提とし、その内容に拘束されて後の決定がなされていくが、打ち出された方向性（二本の点線とその延長）がどこまで実現されるかは、後の決定に依存する。そうした形で、組織は全体としてみれば環境の変化に対応できる。図3-2ではその点も表現してみた。

だから、組織は「自動機械」ではない。案を投入すれば結果を出す自動販売機でもない。むしろ、組織を機械に喩えて批判している人の方が、勝手に機械だと思い込んでいたりする。例えば官僚制批判「あるある」の一つは、「こんなに良い案を出したのに無視された」という体験談だが、実際にはただ自分でそう決めつけているだけで、他の人にとってもそれが本当に「良い」のかどうか考えていないことも多い。

「決定の連鎖」というとむずかしくきこえるかもしれないが、日常的にも「次に何を決める(する)ことになるかを考えながら、あることを決める(する)」能力が求められる場面は多い。「組織を決定の連鎖としてとらえる」というのは、具体的にいえば、例えばそういうことだ。

ちなみに、大学教員にはこれが下手な人が少なくない。ある決定が正しいかどうかに延々こだわり、ときには蒸し返したりして、他の人が次の決定をできなくするのだ。こうした場合、その決定がどれだけ適切になっても、他の面で手遅れが生じて、良くない結果になりやすい。後の決定で修正していく機会も失われる。

でも、こだわった当人は「自分が正しいことを主張したのに、他の人が聞き入れないから、うまくいかなかった」と信じ込んで、「官僚制は自動機械で、正しさを無視する」という批判を書いたりする。

決定の連鎖としての組織

少し専門的な解説を加えておくと、こうした意思決定の連鎖の形で組織をとらえる考え方は、H・A・サイモンによる。実際の組織の意志決定は、上下の権限関係による命令よりも、前の決定が後の

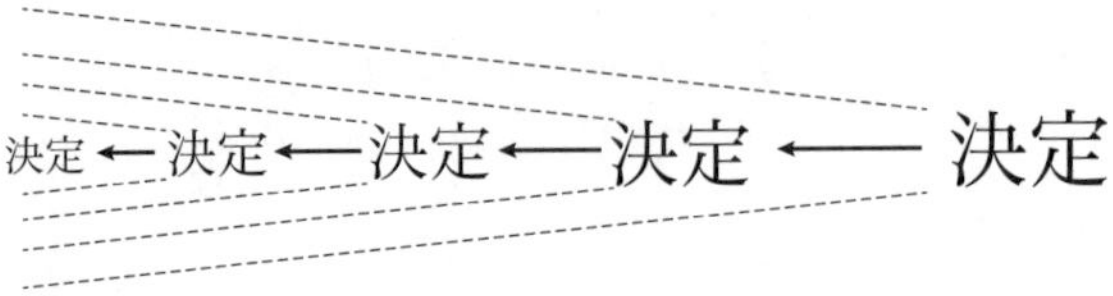

図3-3　階統型の業務処理

決定を前提として引き継ぐことで創り出されていくことを、サイモンは見出した(二村敏子・桑田耕太郎・高尾義明・西脇暢子・高柳美香訳『経営行動』三三～三六、四九〇～九七頁など、ダイヤモンド社、二〇〇九年)。

サイモンも決定を委ねることの重要さを強調しているが、この意思決定のモデル自体は階統型の業務処理も表現できる。例えば**図3-3**のように描けばよい。

このように描くと、変動する環境の下で階統型の業務処理をつづけると、大きな困難を抱えるのがよくわかる。例えばそうした組織が方向転換を図ると、現実には**図3-4**のような事態が起きる。見てわかるように組織の規模が大きく、また上位者の決定の拘束力が強いほど、対応が遅れるだけでなく、大きな混乱が生じる。「この命令は絶対に守れ」と言っておいて、後から「あれはなし」にするのと同じことになるからだ。

それによって組織全体にモラル・ハザードが起きる。やる気が失われ、指示を待ってその通りにしか動かなくなる。ルーマンはそれを「命令モデルはただ一人の構成員、すなわち創立者、企業家、支配者の立場に、合理化の基礎を置いている。組織はいわば、その一人の行為の合理性を拡張したものである」と述べている(「目的・支配・システム」前掲一九一頁、S. 166)。

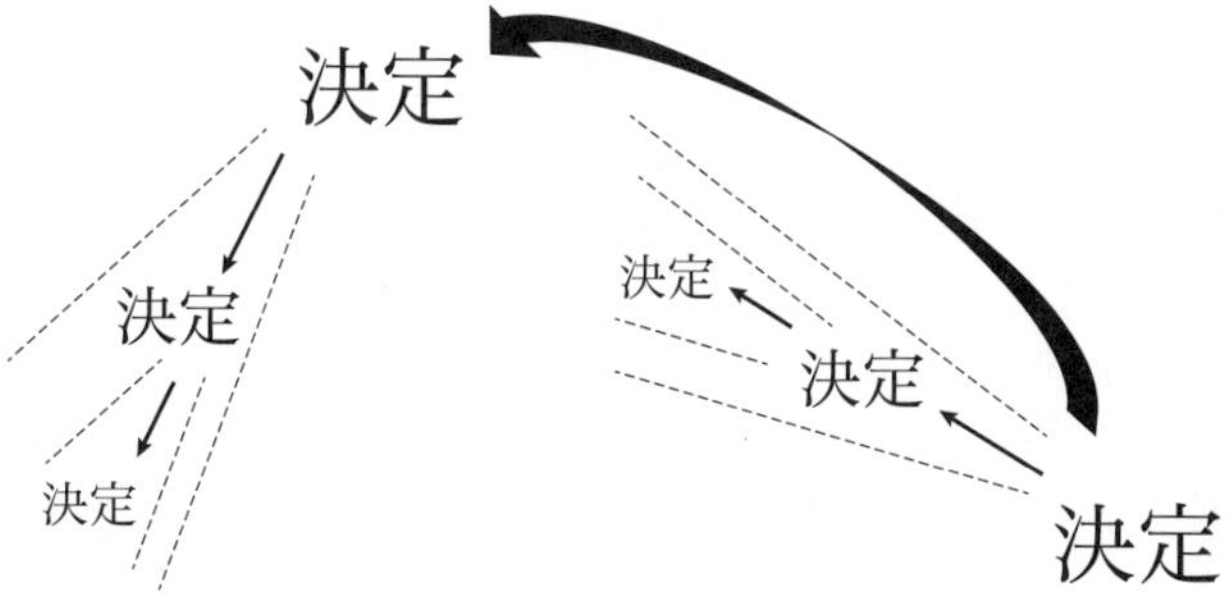

図3-4　階統型が強い組織での方向転換

だから、上意下達《トップダウン》は組織を一回変革するのには向いているが、日常の業務のなかで外部の環境の変化を素早くとらえ、対応を変えていくのには向いていない。日本語圏でも二〇〇〇年代以降、トップダウンの必要性が執拗に語られたが、公共機関でも私企業でも、それによってかえって不効率になった事例は少なくないはずだ。*

遅れた決定はそれだけで優れた決定にはなりえない。上意下達は実際には、素早い決定が苦手なのである。むしろそういう時間感覚のない人が「上意下達の方が速い」と信じやすい。ウェーバーも決定の時間性には鈍感だった。仕事の見切りも下手で、ぐずぐずと原稿を抱えていた(↓一・二)。彼の死後、ウェーバー&商会からの収入が大幅に減るなか、ウェーバーの妹の遺児四人を引き取ったマリアンネが、膨大な遺稿を次々に出版していなければ、「知られざる大学者」として忘れ去られたかもしれない。

だとすれば、実務家向きでないと見られていたことも、「合理的組織」の業務のあり方を十分に考えきれなかったことも、納得できる。

＊例えば嶋田博子『職業としての官僚』（岩波新書、二〇二二年）参照。人事権で脅す形で日常的な業務の遂行を方向づければ、むしろ組織が硬直化し遂行能力も低下することは、七〇年以上前に、組織のエスノグラフィで明らかにされている。P・ブラウ、阿利莫二訳『現代社会の官僚制』（岩波書店、一九五八年）の第三章などを参照。

「合理的組織」とは何か

言い換えれば、組織というのは**複数の決定を連ねて外部の変化に対応していく**しくみなのである（N. Luhmann, „Organisation und Entscheidung," S. 344, *Soziologische Aufklärung 3*, Westdeutcher, 1981→序・一）。上意下達を強めたり、最上位者が一元的な統制を図ったりすれば、かえってその良さが消されてしまう。変動する環境の下では、どれだけ水平的な協働をやっていけるかが決定的に重要になる。後につづく多くの決定にできるだけ裁量の余地を残す形で（＝一つの決定の点線の内部に多くの決定を包摂しない形で）、どのように決定を分担していけるかによって、組織全体の成果が大きく変わってくる。その点で組織の意思決定はサイバネティクスとも、さらにはＡＩ（人工知能）ともちがう、いわばそれ自体が社会的なものである。

そうした組織のあり方をふまえて「合理的組織」を再定義すれば、**水平的な協働を実現できる形で・組織の業務それ自体を遂行していく**組織だといえる。近代的な官僚制では構成員が基本的に「同輩 Genosse」になる、すなわち水平性をもつことはウェーバーも述べているが（『支配の諸類型』前掲一四頁、*1/23* S. 456 など）、法的な身分だけではない。前の決定から後の決定への、基本的に同等な決定の間での業務の受け渡し、すなわち水平的な協働こそが、近代的な組織の決定的な特徴なのである。

そうした受け渡しを可能にするように〈a〉具体的な組織が運営されるだけでなく、〈b〉社会の制度として受け入れられている（→一・四）。ウェーバーが倫理論文で「資本主義の精神」の実例を見出した、決定を委ねられる組織とはそういうものである（→一・二）。「プロテスタンティズムの禁欲倫理」として描き出された、信者が「神」会社の永久「仮社員」として働く事業運営は、その原初的な形態の一つと考えられる（→一・三、二・二）。『商事会社』で近代的な法人会社の起源として見出された「コンパニア」、すなわち、それぞれが独自に業務を進めながらその結果は全員で負う、そういう形で全員がともに一つの会社の名の下にその事業を分担していく経営は、もう一つの原初的形態にあたる。

組織の決定のネットワーク

「合理的組織」はこのような、組織としての決定のネットワークの形で実現されている。

もちろん組織には規則もあるし、組織自体の目的もある。個々の決定はそうした規則や目的に準拠しなければならない。そうすることで決定の分業を成立させ調整していくわけだが、**近代的な官僚制組織ではそうした規則や目的も自分自身で制定できる。つまり、それも組織としての決定にもとづく。**

そういう形で決定によって決定が創り出されていく。そのなかで組織としてのさまざまな合理性、例えば個人の恣意を遮断した形での規則の保持と改変、変動する環境の下での効率的な事業運営などを実現していく。「自由な労働の合理的組織」とはそういうものなのだ。

最も単純には、会社の設立や国家の起ち上げの始まりにおいて、組織としての決定が一つ創り出され、それにもとづく決定という形で、それにつづく組織としての決定がなされていく。そういう形で「組織の決定」が連鎖的につくられていくが、その際、後につづく決定は前の決定に拘束されるだけではなく、「前の決定はどのような決定なのか」をつねに解釈しながらなされていく。前の決定は後の決定によって受け取られることで、初めて決定として成立する。そういう意味では、決定の連なり自体がコミュニケーションになっている。

そのしくみの水準までは、ウェーバーは解明できなかった。それゆえ「合理的組織」という言葉をくり返すしかなかった。そこに、ウェーバーの官僚制論の大きな限界があった。

先ほど述べたように、このしくみを意思決定の連鎖として、新たにモデル化したのはサイモンである。それをさらにルーマンは、コミュニケーションのシステムとしてとらえ直した。特に、この連鎖での決定がつねに時間的なものであることに注目して、その意味を深く考察した。基本的にはそれがそのまま「組織の自己産出系」と呼ばれるものになる。

組織の自己産出系論では、相互に言及しあう「組織の決定」によって、組織という全体は構成され

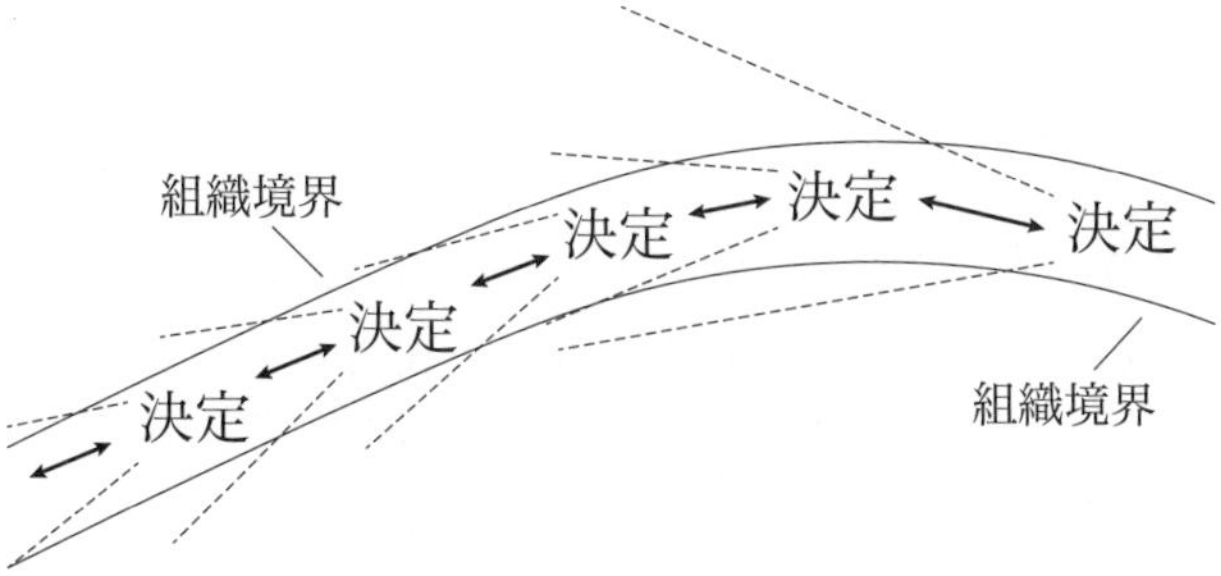

図 3-5　組織の自己産出系

る、と考えられている。図に描けば**図3-5**のようになる。両方向の太い矢印が、前提化による引き継ぎと受け取りの作用にあたる。そうやって前の決定と後の決定は相互に相互を実現していく。

わかりやすくするために、図には組織境界も示しておいたが、正確にいえば、要素である一つ一つの「組織の決定」の連なりが組織にあたる。それゆえ、要素にあたる個々の「組織の決定」それ自体が組織の境界にもなり、境界を創り出す。この点は組織にかぎらず、自己産出系論の大きな特徴になっている。

決めることと決めないこと

組織の動き方に話を戻せば、前の決定の時点では、後の決定の時点で何が起きているかを完全に見通せるわけではない。あくまでも予想しかできないし、その予想が実際には外れることも少なくない。それゆえ、後につづく決定はその時点での状況をふまえて、前の決定について「あれはこういう決定だった」と位置づけ直し、いわば決定の内容を部分的には事後的に解釈しながら、何をどうするかを決めていく。

そういう形で、後の決定の時点で初めてわかったことや、後の決定の水準(例えば下位者)だけでしか知られていないことも取り込んでいく。裏返せば、そういう形で取り込めるからこそ、前の決定はそれらが具体的にわからなくても「(できるだけ)これは守ってくれ」という大枠を定めておく、すなわち後の決定の決定前提になることができる。

そういう形で決定を連鎖させていくことで、変動する環境のなかで組織は機動的に対処できる。個々の決定の時点と水準では、これから何が起きるのかを見通せないにもかかわらず、全体としては一貫性をある程度以上たもちながら、状況に応じた適切な判断をしつづけることができる。

だからこそ、そこでは決定をいかにうまく任せていくか、いかにうまく委ねていくかが重要になる。水平的な協働をやっていくためには、進行中の事態を見通す力や、関係する要因を広く見渡す力といった個々人の判断能力ももちろん必要になるが、それを支える構造的な条件が一つある。組織での意思決定がこうした連鎖になっていることをふまえて、決め過ぎにも決めなさ過ぎにもならないよう、気をつけていることだ。

要するに、何を決めるかだけでなく、何を決めておかないかも決める。「決める」ということはつねにそういう性格をもつが、そういう意思決定のやり方を受け入れて、後につづく決定ができるだけ適切に判断できるように配慮しながら、課題を受け渡していく。それがルーマンのいう「水平的レベルでの協働」である。最上位者に求められているのは、そのためにたえず調整と点検をつづけることであり、一元的な統制の徹底でもなければ、「下」の神輿に乗ることでもない。

規則と「例外処理」

よく誤解されるが、だからといって水平的な協働がつねに良く、階統型の業務処理がつねに悪いわけではない。

組織には完全に「型通り《ルーティン》」の仕事もあるし、人権保護が関わるような案件では、あえて「型通り」にした方がよいこともある。現場で業務にあたる人間が偏見や先入観をもっていたりするからだ。現場の判断が重要だからこそ、現場任せにせず、細かく規則を決めて一律に縛る。そうした業務遂行には階統型の方が向いている。先ほどは「遅い」方向転換の事例に使った、図3－4のような組織運営が必要になるケースももちろんある。

むしろ、一つの案件にはつねに両面があり、それを適切に使い分けるのが望ましい。「大枠を定めておく」というのも実際にはそういうことだ。サイモンも強調しているように、集権化と分権化はそもそも対立するものではない。どの組織のどの案件にもつねに両面があり、適切な使い分けを求められる。

それこそ「規則を守る」ことにもそれはあてはまる。

組織ではつねに新しいことが起こりつづける。例えば、以前の決定では想定されてなかった事態や、知ることができなかった情報が入ってくる。そのなかで、既存の規則や手続きをただ当てはめるだけでは解決できない事態や、そうした形で解決しない方がよい事態も起きてくる。こうした場合は、その規則や手続きは何をめざしてつくられたのか、何のために共有されてきたのかを考え直す必要がある。

これはしばしば「例外処理」と呼ばれるが、厳密には例外処理ではなく、「原理原則に立ち戻って」にあたる。従来の規則運用とその案件をともに下位ケースとして包摂する、より一般的な規則運用をその案件のためだけに考案することだからだ。そうやって既存の規則を再解釈していく。そのような対応を現場の判断でどれだけやっていけるかによって、組織の成果や性能は大きく変わってくる。ウェーバーが判例法について述べているように、「同じ事案」なのはつねに「うわべ」だけで、それで片付けるのは「無能力」の証しになる(「儒教と道教」前掲一七五頁、S. 281)。

言い換えれば、前の決定を後の決定が解釈し直す、意味づけ直すといっても、前の決定を覆したり、無に帰したりするわけではない。むしろ、前の決定によってつくられた規則や手続きや共有された目的を、新たな状況にあわせて再調整する。そうすることで、前の決定による規則や手続きや共有目的を「活かしつづける」。それによって組織の意思決定の一貫性も保つ。そのためにも、前の決定が決め過ぎないよう、かつ決めなさ過ぎないようにすることが重要になる。

前の決定を解釈し直すことで、それまでの規則や手続きや共有目的が否定されるわけではない。むしろ新たな状況に応じて再調整することで、後の決定は、前の決定にもとづく規則や手続きや共有目的を「活化《アクティヴェイト》」していく。そうとらえた方が適切だろう。

少し意外な喩えかもしれないが、適切な決定は、サッカーでいえば攻守が切り替わった瞬間に、中盤の底から放たれる長いパスに似ている。的確な速度と回転で蹴り出された球が、前線に走りこんでいくMFやFWの足元におさまれば、最高の得点機会がやって来る。観客の喝采をあびるのはストライカーだとしても、ゲームを本当に決めるのはその前のパスである。そうしたパスはその後の相手側の足も止めてしまうからだ。

現実の組織で適切に決定することは、そんな身体感覚に近い。だからこそ決定の連鎖としてとらえられているかが重要な条件になるし、どれほど凄い球が蹴れても、受け取れなければ良いパスにはならない。

きれい事に聞こえるかもしれないが、例えば無能な上司が無理な命令をしてきた場合でも、自分の業務がどんなものであり・他のどの業務と関連しているのかを、自分の方でより良くわかっていなければ、反論も、より良いやり方を逆提案することもできない。最悪の場合は命令にしたがうふりをしながら、より効率的に業務を片づけて、自分の時間を自分でつくることも必要になる。

「組織を決定の連鎖としてとらえる」とは、そういうことでもある。「我が身を守る技法《スキル》」でもあるのだ。

決定を時間的に分業する

このようなあり方を別の言葉で表せば、**決定を時間的に分業する**ともいえる。「分業」というと、上位者の最初の決定が大枠を決めて……のような形（↓図3-1）を連想するかもしれないが、もちろんそうではない。

「合理的組織」では、決定はつねに時間的なものであり、そうあるしかない。人間個体の判断力や情報処理には限界があるために、複数の人間の間で決定を分業した方が効率的になることがある、そこに組織が生まれる、とサイモンは考えた（いわゆる「組織理論の基本定理」）。これ自体はもちろん妥当なとらえ方だが、実際の組織の動き方を理解する上では、この分業が時間的に展開されることが鍵になる。

決定を時間的に分業することで、環境の変化に対応しつつ、より新しくより詳細な情報を低いコストで取り入れる。それによって環境の変化に対応しやすくなり、ウェーバーが近代的な官僚制的組織の特徴とした［Ⅶ］の合理性、すなわち業務処理の効率性が実現しやすくなる。さらに（Ⅰ）～（Ⅵ）の合理性にも、決定の時間的分業によって実現されやすくなる面がある。

例えば（Ⅴ）「職務とそれを担当する個人の人格が分離されている」でいえば、決定を時間的に分業すれば、前の決定と後の決定を別々の人間が担当できる。さらに最上位者の決定も時間的に効力を失っていく。下位者の後の決定が積み重なって、上位者の決定を方向転換することもできる。そうやって創り出される組織の意思決定は特定の誰かには帰属されにくい。

一方、業務が特定の誰かに帰属しなければ、決定の分業をとりやすい（↓一・三）。それゆえ、決定の時間的分業と(V)は互いに成立させあう。(II)「権限」や(VI)「文書」についても同じことがいえる。決定の時間的分業が、ウェーバーが見出した「合理的組織」を実現するしくみにあたることが、そこからもわかるだろう。

それに対して、階統型の業務処理では最上位者の決定は全ての決定を拘束する。そのため、全ての決定は最上位者の決定の一部になる。「ただ一人の構成員……の立場に、合理化の基礎を置いている」「その一人の行為の合理性を拡張したものである」というのは、そういうことでもある。

それゆえ、階統型の業務処理をつづけていると、職務と個人がむしろ融合しやすい。例えば、完全に民主的な手続きによって選ばれた最上位者の下でも、階統型の業務処理ばかりやっていれば、職務と個人が分離できなくなり、権威主義的になっていく。そうした組織は一見統制が効く強力な組織に見えるが、環境の急激な変化にはついていけない。方向転換を図ることが、最上位者の人格的な権威を脅かすことになるからだ。公共機関でも私企業でもそれは変わらない。階統型になればなるほど、むしろ(V)は損なわれる。

分業と「アソシエーション」

（Ⅰ）「規則にもとづいて継続的に職務の業務を運営していく」でも、同じことがあてはまる。先ほど述べたように、具体的な状況にあわせて、ときにはその規則が何のためのものかまで反省的にふり返りながら、具体的な運用をその都度決めていく。そうした「現場の対応」もある程度許容できる自由度がなければ、かえってその規則自体が従われなくなる。面従腹背や骨抜きによって空文化されていくからだ。

「全ての規則や命令を正確に適用することは機能的に意味があるのか、という疑問」とルーマンが述べているのは、こうした事態をさす。完全に厳密に守りつづけられるようにはしないことは、実効性のある規則でありつづける条件になる。それゆえ、特に［Ⅶ］と両立させるためには、（Ⅰ）でも水平的な協働が必要になる。

もう一つつけ加えておくと、こうした「合理的組織」はいわゆる「アソシエーション」とも異なる。日本語の「アソシエーション」には自発的結社をこえた、独特な意味がある。上下の権限関係をできるだけ減らし、業務をできるかぎり同質化することで、全ての決定に構成員全てが等しく関われることをめざす。それに対して、「合理的組織」では決定を分業する。それゆえ、全ての決定に全員が等しく関わることはしない。むしろそうした非対称性を再対称化することで、基本的には対等な決定の間で決定前提を引き継いでいく。そうやって、異質なものの間に水平的な連携をつくりだす。

わかりやすくいえば、「アソシエーション」では上下の権限関係をなくすことで、関係者を同じにしようとする。それに対して「合理的組織」では上下の権限関係の非対称性に、例えば説明責任の非対称を重ねあわせる。より強い権限をもつ担当者に、より大きな説明責任を負わせる。そうした再対称化によって、上意下達でない形で業務を分担し受け渡していく。ブラウらが注目した組織の「疑似民主制」の問題もここに関わってくる。*

具体的には、例えばこんな話になる。「この件はこういうことにしておいたから、それは既定事項として進められるよ」「でも、もしまずくなったら、適当に知らん顔してかまわない」「もしひどくまずいことになったら、こっそり相談して。私の方でも再検討して同じ結論になったら、「自分が前に決めたことはまちがえていた」と他の人に言うから」「それで後は、あなたの方から再始動をかけてみて」。

*ウェーバーも異なる業務が相互依存的に結びつくというあり方に、「専門化 Spezialisierung」「異質結合的 kombiniert」「結合 Verbindung」といった術語をあてて区別しようとしていた(『社会経済史　上』前掲二二一〜二二三頁、3/6 S. 88–89 など→二・二)。彼が「コンパニア」の起源を工業に求めたのは(→一・四)、「専門化された、異質結合的な労働の組織」がそこに見られるからかもしれない(同三〇三頁、S. 228)。現在の経営学でいえば、こうした異質結合性は企業の「技術核《テクニカル・コア》」(J・D・トンプソン、大月博司・廣田俊郎訳『行為する

組織』同文舘出版、二〇一二年、原著は一九六七年）と関連する。清水剛「企業・法人・株主」『組織科学』四八巻一号（二〇一四年）参照。

「合理的組織」と水平的な協働

同時多発的な業務処理もこうした決定の時間的分業の一種である。こうした業務の進め方では、現場により近いところでより新たな情報を取り入れられる。それが大きな利点になるが、これは上位者の決定によって、以降の決定を下位者に委ねることでもある。同時多発的な業務処理は、空間的には複数の場所に決定の連鎖が分岐していくことであるが、それも決定の時間的な分業にもとづく。

その点でも水平的な協働は「合理的組織」を成立させるしくみになっている。この時間的分業を適切に進めるための、複数の決定の間での調整のやり方やそれをささえる制度やその運営の仕方こそが、「合理的組織」の本体だといってよい。

そういう意味で、「水平的な協働ができる」ことは、ウェーバーの近代資本主義論の「失われた環」でもあるが、ウェーバーはこれを明確な言葉にすることには失敗した。そのため、「資本主義の精神」とは何かを最後まで考え詰めることはできなかった。

もう一つ重要なことがある。水平的な協働というとらえ方をすれば、判例法の制度も取り込めるのだ。図3-2の「決定」を「判例」にすれば、これはそのままコモン・ローのモデルにもなる（↓二・

二)。

それゆえ、例えば専門職として十分な報酬をえられるようにするなど、(2)業務の個人的な収入源化が起きないようにして、業務に携わる人々の個人的な利害や恣意を遮断できれば、コモン・ローの法制度もまた(1)「合理的」に運営できる。実際のデータで裏づけられるかどうかはわからないが、(3)プロテスタンティズムの禁欲倫理と同型の職業倫理がプロテスタンティズムの影響によって成立した、といった関連性(意味連関)も考えられる。

日本もふくめて大陸ヨーロッパ系の法制度をとる国家も、実際には判例法のあり方を大幅に取り入れている。その点では、いわゆる「先進国」の司法に大きなちがいはない。法実務の専門職であったルーマンには、それも常識だっただろう。ウェーバーも「儒教と道教」改訂時には、先ほど紹介したように、コモン・ローの判例法が中国法の先例遵守とどうちがうのかに注目している。階統型の業務処理に固執したのがむしろ不思議なくらいだが、ドイツ法のなかで最も法典化が進んだ商法の専門家だったことが影響したのかもしれない。

「組織を動かす」感覚

(Ⅳ)「専門的な訓練を受けた人間が担当する」は別の意味でも興味ぶかい。

水平的な協働にもとづいて「組織で動く」「組織を動かす」には、ある程度の訓練と経験がいる。

けれども、それは法律や規則に詳しいのとはちがう。本当に守るべきものは何か、その規則は何のためにあるのかを考えながら、具体的な状況に応じて規則を解釈して運用していく。そういうバランス感覚みたいなものだ。

そうした感覚をもてないと、組織で働くことはむずかしい。実際、組織の規則をコンピュータのアルゴリズムのように考えて、全ての場合に適用できる万能の規則をつくろうとする人がいる。逆に、どんな場合でも確実にこうなるといえないと、「規則がない」とかんちがいする人もいる。

そういう人に水平的な協働を説明してもなかなかわかってもらえないが、ウェーバーとルーマンの間にもそんなちがいがあるようだ。ルーマンの著作では、「決定に従うことから決定を行うことへの重点移動」(「目的・支配・システム」前掲一九三頁、S. 169)といった魅力的な言葉で、「組織で動く」感覚が表現されている。

決定を時間的に分業できる組織は、産業社会の最も基幹的な制度の一つだ。それがどう動くのかについて、具体的な経験と感覚をもっているだけでなく、抽象的な言葉で的確に言い表せる。ルーマンという社会学者はそういう人だった。それは彼の理論にもいえる。水平的な協働ができる決定の連鎖は、ルーマンが一九八〇年代以降展開していく自己産出系論の原型にあたる。その発想の原点も現実の組織にあった。

官僚制組織を自動機械に喩えたり、階統型の業務処理だけでとらえようとしたりする人は、「組織の動き」を固定的に考えやすいが、実際の組織はそんなに単純ではない。案件や状況によって、水平的な協働と階統型の処理を使い分ける必要があるだけではない。決定の委任は一歩まちがえれば、無責任に転じる。「どう決定するかは任せる、でも責任は自分がとる」とするのは、他人に自分の職業キャリアをあずけるようなものだ。とても怖い。失敗したら、掌返しで知らん顔をする人もめずらしくない。

あるいは、水平的な協働の感覚や想像力をもてない人が一人、高い地位について形式的な権限をふりかざせば、それだけで全体がうまく動けなくなる。担当する人員が代わっただけでも、成果の出方が変わってくる。

「自由な労働の合理的組織」の自由は、自由であらざるをえないという自由でもある。自分で決めさせられるというだけではない。同時多発的な業務処理を可能にする協働のしくみは、他人の成果によって自分の成果が左右されるという相互依存性をもつ。自由に判断できるが、それによって自分によらない結果も引き受けさせられる。そういう自由だ。くり返すが、「自由な労働」だからこそ苦しいのだ。

コミュニケーションと平均的な費用対成果

だから、水平的な協働が強い組織がつねに良い成果をあげられるわけではない。変動する環境の下では、その方が平均的には費用対成果《コスト・パフォーマンス》は高くなる。あるいは、そういう環境の下で階統型の業務処理を長くつづければ、組織自体が消滅しやすい。そういえるだけだ。ウェーバーが近代的な法人会社の起源を見出した一四世紀のフィレンツェの毛織物企業も、実はそんな環境下にあった(星野前掲↓一・四)。

思い切って単純化すれば、そうした組織の費用対成果は平均的には高いが、分散もかなり大きい。あえて機械に喩えれば、むしろ高出力のエンジンに似ている。高い性能を本当に発揮できるかどうかは運転の仕方次第だ。日常的な手入れも欠かせない。少し不具合な部品が一つあるだけで、出力が大幅に低下する。

ときには暴走もする。決定を分業するということは、どの決定も部分的な視野しかもたないということでもある。それによって一部の決定に特定の方向性が生じ、それが相互承認されることで固定観念や信念のようになり、それに反する情報や知識が拒絶されて、組織全体が特定の方向に走り出す。組織は実在の環境それ自体を直接観察できないため、そうした事態がつねに起こりうる。大きな被害を生む事故や事件はそうやって起きることが多い。これもまた、決定のネットワークが生み出す帰結の一つだ。

それを停めるにも、動き方の知識が必要になる。ルーマンも、どのような条件の下で決定のネットワークが硬直化するのかを考察している(「意思決定行動の社会学的局面」春日淳一訳『社会の経済』文眞堂、一九九一年）。組織の制度を使う責任には、もちろんそこまでふくまれる（↓序・一）。

三・一で述べたことに戻れば、〈a〉として水平的な協働を想定すれば、実際の組織では（I）～（VI）の程度が上がっても、［VII］の程度は下がる場合があることも説明できる。因果経路の図で表せば、

〈b〉などの他の要因
↓
（I）～（VI）→〈a〉→ ±［VII］

のように、〈a〉の具体的な作動にさらにさまざまな要因が影響することで、実際の業務の効率は変化する。

官僚制組織の遂行能力が可変的（＝各組織の状態次第で大きく変わる）だと考えれば、ウェーバーの官僚制論もより整合的になる。例えばウェーバーは社会全体の官僚制化をつねに危惧していたが、「社会主義的計算」にはっきり否定的で、競争的な資本主義経済の方が経済的には合理的だと考えていた（「基礎範疇」14節）。これも遂行能力が可変的だとすれば、特定の官僚制組織がたまたま社会全体を管理することもありうるし、既存の大企業による寡占を新規企業が打破することもありうる。

「資本主義の精神」とコミュニケーションとしての社会

実はこの遂行能力の可変性と同じ事態を、ウェーバー自身も別の言葉で述べている。すでにお気づきの方もいるのだろう。「資本主義の精神」だ。これも産業社会のなかで生成したり消滅したりする(↓一・一)。

・一九世紀半ば以降のドイツの繊維関連産業、特に麻織物の分野で「資本主義の精神」の侵入が起きた
・宗教(信仰)なしでも「資本主義の精神」は新たな経済活動を生み出す力をもつ

大塚久雄のように「資本主義の精神」を、禁欲倫理が変質して産業化の起動力となったものだと考えると、この二点は説明できなくなる。それゆえ大塚を引き継ぐ読解では、ウェーバー&商会が一九世紀半ばの事例であることは、曖昧にぼかされるか、時期を誤認されるか、無視されるか、してきた。別の読解では、一九世紀の事例だからウェーバーの論理は破綻している、とされた(↓一・二)。

それに対して、「資本主義の精神」を水平的な協働という〈a〉業務のあり方に関連するものだとすれば、これが「自由な労働の合理的組織」をつくりだした要因の一部であり、なおかつ産業社会の内部で生成したり消滅したりすることは十分にありうる。

コミュニケーションの連なりとして組織を考えていくと、最終的にはそうしたところまで視野に入ってくる。組織にかぎらず、社会的な事象をコミュニケーションの連なりとして考えていくと、同じことがいえる。そういう意味で、社会的な事象は多くの場合、平均的にしかとらえられない。

そうしたことを方法論として最初に明確に述べた社会学者も、実はウェーバーである（佐藤俊樹「散らばりのなかの社会（学）」ジョン・ゴールドソープ、杉野勇訳『集まりの科学』ミネルヴァ書房、近刊）。例えば「社会学的基礎概念」で、社会学の基本的な概念群を定義し直したときには、「平均的」や「機会《チャンス》」といった確率的な表現を使っている。ウェーバーは社会学に数理や計量の考え方を導入した人でもある（→序・二）。

官僚制論では〈a〉業務のあり方をうまくとらえられず、（Ⅰ）〜（Ⅵ）と［Ⅶ］を同列にあつかった。官僚制組織自体もときに「生命ある機械」のように描くこともあったが（『新秩序ドイツ』三六三頁、S. 464など）、そうでない描き方もウェーバーは用意していた。

ルーマンとの連続性も、それによってよりはっきり見えてくる。ルーマンの言い方を借りれば、ウェーバーもルーマンも社会を「非自明《ノン・トリヴィアル》なマシン」としてとらえようとした。一九世紀の社会科学は社会や経済を「自明なマシン」として、強い決定論の形でとらえようとした。ウェーバーやG・ジンメルはそこから離陸を始めた人でもある（佐藤俊樹『社会学の方法』第四章、ミネルヴァ書房、二〇一一年）。

例えば倫理論文の最終部では、ウェーバーは営利の追求がつき進んだ果ての可能性として、三つの場合を並置した(↓一・四)。新たな預言者たちの出現と、旧い思想と理想の復活と、「あるいは……機械的化石化」だ(大塚訳三六六頁、S. 488)。有名な「精神なき専門人」「心情なき享楽人」という言葉は、この第三の場合を「もし最後の場合であるなら」(梶山訳安藤編三五七頁)と断った上で、言い換えたものである。官僚制組織が必然的にそうなるわけではないし、化石化かカリスマ(預言者)の出現かの二者択一だとも書いていない。ウェーバーの方法論の上では、未来の事象に関する確定的な予言はそもそもできない(↓三・四)。

けれども、大塚のように「資本主義の精神」を近代資本主義成立期のものだとすれば、それは現在すでに喪失されている。そのことを「精神なき専門人」に結びつけるのはむしろ自然な発想だろう。逆にいえば、ウェーバーがこれを可能性の一つとしたのは、「資本主義の精神」が何であれ、成立期だけのものではないと考えていたからではないか。実際、一九世紀半ばのウェーバー&商会の起ち上げだけでなく、機械織りへ転換した後の、工場の労働者たちにも、彼は「資本主義の精神」と同じものを見出していた(↓序・二、一・二)。

三 決定の自己産出と禁欲倫理

これまでのおさらい

ウェーバーの官僚制論は「自由な労働の合理的組織」に関する最終的な答えではない。現在まで一〇〇年以上つづいている探究の、最初の成果であり、いわば草創期の研究にあたる。ブラウの言葉を借りれば、官僚制組織の動き方は「定義の問題ではなく、経験的な検証の問い」なのだ(Blau 前掲 p. 251)。だとすれば、彼が「資本主義の精神」とは何かを明確に定義できなかったのも無理はない。

ウェーバーは企業や公共機関の「業務」のあり方に強い関心をもっていた。「学術は創造的だが企業勤めはちがう」みたいな、大学教員の抱きやすい幻想ももっていなかった。『職業としての学問』でもこう書いている(野崎前掲一〇七頁、*I/17S. 83*)。

例えば帳場と研究室とでは、物事がちがうように進んでいくと信じているとすれば、それは大きな誤りです。「商人(事業家)的 kaufmännische 想像力」を欠いた、すなわち着想を、独創的な着想を欠いた商人や大工場主は、一生を通じて、よくて支配人や技術者でありつづけられるくらいで、組織上の organisatorische 新しい創造物をつくりだすことはありません。直観的なひらめきは、近代的な企業経営者が実務的な活動での問題を処理する場合に比べて、学術の分野でより大きな役割を果たす、というわけでは……全くないのです。

ウェーバー&商会のことも重要な事例として使い、社会政策学会での討論でも、その経営者の親族から聞いた話を披露している。「組織上の」と記したとき、脳裏をよぎっていたのはカール・Dのことかもしれない。

だから、彼自身は自分の官僚制論には満足していなかっただろう。『商事会社』でとりあげたフィレンツェの工業から生まれた法人会社も、倫理論文で「資本主義の精神」の実例としたウェーバー＆商会も、水平的な協働ができる、決定を分業する組織になっている。〔Ⅰ〕〜〔Ⅶ〕だけでは不十分なことも自覚していたのではないか。

だから、倫理論文や中国社会論も『宗教社会学論集１』で新たに書き直したし、もしスペイン風邪で亡くならなければ、さらにまた書き換えられていっただろう。ウェーバーの凄さはむしろ、「合理的組織」をまだ十分にわかっていないことをわかっていたところにある。

バーナードやサイモンらの意思決定理論は、それを引き継ぐ形で、「合理的組織」における業務のあり方を明らかにしていった。ブラウらの官僚制の社会学は、参与観察と適合的因果の方法論を使って、組織の実際の動き方を調べた（ブラウ『現代社会の官僚制』前掲など）。そうした研究の積み重ねの上に、ルーマンは官僚制組織を、水平的な協働ができる決定のネットワークとしてとらえ直した。「合理的組織」とは何かという問いは、そういう形で新たに解かれていった。

日本での動向

このような欧米での研究の展開と比べると、日本語圏の特異さがあらためて目立つ。ルーマンの「目的・支配・システム」は一九六四年に発表された。ウェーバー生誕百年にあたるこの年、日本でも大規模なシンポジウムが開かれた。その際の発表成果も刊行されている（大塚久雄ほか編『マックス・ヴェーバー研究』東京大学出版会、一九六五年）。両者を読み比べると、とても興味ぶかい。

大塚久雄はこの論集に「《Betrieb》と経済的合理主義」という論文を寄せている。このなかでは「経営《ベトリーブ》」がウェーバーの近代資本主義論の「中心」であるとした上で、『商事会社』にすでにその萌芽が見られるが、倫理論文で初めて重要な概念となり、比較社会学で主要な研究主題になることや、「合理的経営」が官僚制組織によって担われることも述べている。「基礎範疇」も引用されているが、ウェーバーが近代資本主義の企業形態を「経済的な根拠だけでは説明できない」としたことにはふれず（→一・三、二・二）、ウェーバーのいう「生産経営」はマルクスの「産業資本」にあたるものだとして、マルクス主義の経済学に戻っていく。

このシンポジウムでも組織研究が無視されていたわけではない。論集の第三部「討論」には中川敬一郎の「マックス・ヴェーバーと組織論」が収められている。このなかで中川は、ウェーバーが発展段階論をとっていないことを指摘して、大塚の主張から慎重に距離を取りながら次のように述べている（同三四一～四四頁）。

大塚教授が指摘されたような意味でのベトリープすなわち経営は、英語の場合には……むしろ端的に「組織」すなわちオーガニゼーションのことであると見てよいのではないでしょうか。たとえば、さきほど大塚教授が引用されましたヴェーバーの言葉によりますと、経営体すなわちベトリープスフェアバントとは、独自のディシプリンによるオーガニゼーションを備えた団体であるということであります。すなわち、そこではベトリープ＝オーガニゼーションという了解が成り立っているわけでありまして、当然ヴェーバーのベトリープの概念は、今日アメリカで有力な経営学理論として発展している組織理論と密接な関連をもつようになります……

すなわち、ウェーバーが取り組んだ〈a〉業務のあり方に注目した「経営」の解明は、「組織《オーガニゼーション》」の研究として英語圏の社会科学、とりわけ専門的な組織研究に引き継がれており、その成果をふまえれば、

ヴェーバーの場合における官僚制は、もっぱらラツィオナリジールングの結果として生成してくる合理的組織として把握されており、……社会的相互作用の体系としての組織というものはあまり問題にされていない。すなわち「宮僚制」の部分についてみるかぎり、ヴェーバーの組織論は、やはり形式的合理性を基礎にしたマシン・モデルである。そうした意味では、官僚制を中心としたせま

い意味でのヴェーバーの組織理論は、現実的な組織理論としては不十分なのではないかと考えざるを得ません。

とした上で、「意思決定」に注目することで両者を結びつけられるのではないかと提案している。

中川の指摘は社会科学としても、組織の研究史の上でも的確なものだったが、日本語圏ではその方向に研究が進むことはなかった。マルクス主義が退潮すると、「合理的組織」は普遍的な「合理化」の産物とされて、アソシエーションの社会学や経済学として読み直されることはあっても、業務のあり方が探究課題になることはなかった。ウェーバーが中世イタリアの会社制度の専門家だったことも、『商事会社』も忘れられていった。

現在の経済史や経営史では、ウェーバーが近代資本主義を「合理的組織」で定義しており、それゆえ、組織のあり方が焦点になることさえも、しばしば見落とされているようで、少し悲しい(山本浩司「【欧米】時代と向き合う西洋経済史」岡崎哲二編『経済史・経営史研究入門』有斐閣、二〇二二年など)。社会学の学説研究でも、なぜ利益追求の正当化や産業資本の固有法則性などではなく、「自由な労働の合理的組織」で定義したのかが問われることは、ほとんどなかった。

それによってウェーバーの著作を読むことも、経験的な社会科学ではなく、思想の研究になっていった。*その変容はこの本の主題ではないが、ルーマンの組織システム論が、産業社会の解読というウエーバーの研究の延長線上から始まった。そのことはもう一度確認しておこう。

*ドイツ語圏の学説研究では、ルーマンの問題提起を受けた形で、W・シュルフターも近代的な組織での「水平的」と「垂直的」を論じている(佐野誠・林隆也訳『官僚制支配の諸相』第四章、風行社、二〇二三年。原著は一九八五年)。

決定の自己産出

三・二でも少しふれたが、こうした水平的な協働を実現できる決定のネットワークを、ルーマンはその後、社会の自己産出系 autopoietic systm という形で理論化していく。

「自己産出」というのは、要素が要素を創り出すことで一つの全体が創り出されつづける、という考え方だ。というか、そういうあり方を表現する言葉として「自己産出」は生み出された。もともとはH・マトゥラナとF・バレラという二人の生物学者が「生物はこういうしくみでできている」と考えたものだ(河本英夫訳『オートポイエーシス』国文社、一九九一年など)。

ルーマンはそれを社会科学に導入したが、生物学の発想をそのまま輸入したわけではない。行政官の業務の一環として「組織とは何か」「どう動くのか」を考え始め、社会学者になってからも考えつづけた。水平的な協働ができるしくみは、「決定」を要素とみなせば、そのまま自己産出系になる。それをルーマンは「組織システム」と呼んだ。

その軌跡にもウェーバーとのつながりを見出すことができる。例えばルーマンの最も初期の論文の一つに「職務の概念と機能」というのがある。一九六一年に書かれ、未発表だったが、組織に関する論文集に収められた(N. Luhmann, „Begriff und Funktion des Amtes," *Schriften zur Organisation 1* 前掲 S. 15–37)。この論文でルーマンは「職務とは何か」を導きの糸にして、組織とは何かに答えようとした。

「職務」というのは、ウェーバーが官僚制を構成する基本的な要素として取り出したものだ(→三・二)。ウェーバーは職務を「〜をやれ」という義務としてとらえ、その集まりが官僚制組織だと考えたが、ルーマンは「職務」に別の面を見出した。これは義務であるだけでなく、決定の位置づけ、すなわち決定の分業上での「位置《ポジション》(地位)」でもある。「○○はこの担当者の職務だ」とは、「○○をこの担当者はやらなければならない」だけでなく、「○○についてはこの担当者が決める(判断する)」でもある。ウェーバーが義務の集積だと考えた官僚制組織は、実は決定することの集合体《システム》でもある。ルーマンはそう考えた。

「職務とは決定前提群からなる構築物であり、それはそれ自体可塑的で、変動しうる、それゆえ特定の方向に変更可能だと想定されている」「職務は決定前提群の再定式化 Umformulierung を可能にする」(同 S. 34, 35)。組織では一つの決定が他の決定につながっていく。「職務」が示すのは、そうした決定の連鎖のどこに位置しているかであり、自身を位置づけることで他の決定も位置づける。「(管理組織という)システムでは、地位は「接続点」"relay points" あるいは「情報プロセスの単位」"information process units" としてあらざるをえない」(同S. 25)「高い地位は……命令権をあたえられた結果ではなく、多くの機能をはたす装置として見なされる」(『目的・支配・システム』前掲一九三頁、S. 169)。

そうした決定を要素としてとらえれば、そこでは、**要素としての決定によって要素としての決定が創り出されている**。ウェーバーが述べたように、近代的な官僚制組織では規則や目的や地位の権限にもとづいて決定がなされていくが、それらも組織が自ら制定できる。つまり、組織の決定にもとづく。

そういう形で要素が要素を産出することで、組織という全体が構成されていく(→図3-5)。すなわち、そういう形で組織というシステムは創り出されつづけている。このようなあり方を適切に表現する言葉をルーマンは探しつづけた。一九七〇年代までは「自己準拠」などの言葉で呼んでいたが、やがてマトゥラナ&バレラの「自己産出」に出会って、一九八〇年代半ば以降、これを使いつづける。

そこにたどり着くまで二〇年以上かかったわけだが、「突破《ブレイクスルー》」というのは本来そういうものだと思う。そういう意味では、最初から自己産出系を考えていたともいえる。

ルーマンのシステム論の生成

だから、本当の「突破」になったのは、「自己産出」という術語ではない。ウェーバーが義務の集積だとした官僚制組織は、実は決定の集合体になっている。むしろそう考えた方が、組織のあり方や動き方をより良くとらえられる。——そういう着想を「職務の概念と機能」という論文に書いた。その瞬間に、新たな一歩が踏み出された。後はそれがどんな一歩なのかを、ルーマン自身が反省的にとらえ直し、理論化していく過程だった。

あえて単純化すれば、ウェーバーとサイモンにもとづいて、**「合理的組織」は異なる業務の組み合わせで成り立ち、それらに「組織としての決定」という共通の形式をあたえることで、水平的な協働を可能にする**——そのようなしくみとして、組織はシステムになっていることを、ルーマンは見出した。そう言い換えれば、なぜウェーバーが「合理的組織」を形式合理性という視点でとらえようとしたのかも見えてくる。

とはいえ、ルーマンはウェーバーとサイモンをただつなげたわけではない。

サイモンは、たんに時間的に前の決定が後の決定の決定前提をあたえるという形で、決定の連鎖を考えていた。ルーマンはそれを受け継ぎながらも、組織の決定では、以前の組織の決定を決定前提として引き継ぐことで「組織の決定」になりうるだけでなく、そのなかで引き継がれた決定前提も再解釈されることに注目した。前の決定が後の決定を方向づけるだけでなく、後の決定がその解釈を通じて前の決定を意味づけ直す。「組織として決めていく」というのは、その両方の働きからなる。そうした形で決定を要素とする全体が成立し、一つの組織を構成する。*

こうしたあり方を自己産出系論では「(要素の)回帰的ネットワーク recursive network」と呼ぶ。組織における決定を、ルーマンは最初からそのようなものとして考えていた。その意味でもルーマンの自己産出系論は、組織という具体的な現実の考察から生み出された。ウェーバーの官僚制論の不十分さを修正し、参与観察などの経験的なデータとより一致するモデルとして考案されたものだ。現代思想的な、「科学の最先端」や「思想の最先端」とは全く異なる。

歴史的な経過としても、「神の所有物」や「神の身体」のように表象されていた法人が、このような決定のネットワークとして読み換えられていくことで、近代的な組織は成立したと考えられる(↓二・二)。「コンパニア」の成立も「禁欲倫理」も、むしろその一コマなのかもしれない。ルーマンの組織論とウェーバーの会社論はそういう形で結びつけることもできる。ウェーバーも業務のあり方から、法人会社の起源を説明しようとしたからだ(↓一・四)。

*これはかなり簡略化した素描である。より厳密な定式化は、奥山敏雄「組織理論における秩序問題の欠如とそれが課す理論的限界」、同「組織と意味」(ともに『社会学ジャーナル』二七、二〇〇二年)、佐藤『メディアと社会の連環』前掲Ⅲ-2などを参照。同序論、Ⅱ-3、Ⅲ-1と2などでは、ルーマンの自己産出系論の理論構成や形成過程をもう少し詳しく解説している。興味があればそれらを参照してほしい。主要な先行研究もそちらに載せておいた。

規則の活化と「行動的禁欲」

実はこの点でもウェーバーはルーマンと重なることを書いている。「行動的禁欲《アクティフ・アスケーゼ》」だ(↓一・三)。

これはプロテスタンティズムの禁欲倫理の強さを表すものだとされてきたが、それぞれの宗教の禁欲の営みに、強弱や徹底さの優劣はつけられない。カトリックの修道院でも、ユダヤ教でも、仏教やジャイナ教や、東アジアの伝統的な宗教でも、真面目な信者の人々は誠実に禁欲に取り組んできた。例えば、肉体に対する規制の強さでいえば、いわゆる東方キリスト教の修道生活の方がはるかに厳しい。信用を重視する営業もやはり世界中にある。

ウェーバーが考えた「プロテスタンティズムの禁欲倫理」の特徴は別のところにある。この禁欲倫理では、誰が本当に救済される人間かが誰にもわからない。だとすれば、神から委ねられた事業をどのように営み、どんな生活規制を自分に課すのかも、自分で決めるしかない。他人のやり方を採り入れるとしても、それは自分がそう決めたからだ。誰が救われる＝「正しい」のかがわからない以上、全ては自分で選ぶしかない。その正しさは経済的な成功の有無によって、事後的かつ部分的にしか判定できない。

だからこそ「行動的」になる(大塚訳二〇一、二二七頁、S. 325, 358)。そこでは「この人間は救われる」という神による決定が、その人間による「こうした禁欲を実行しよう」という決定によって、いわば活化《アクティヴェイト》される。神による決定はすでになされている。その意味で時間的に前の決定にあたるが、それを現実化するのは時間的には後になる人間の決定である。この禁欲倫理では、神の決定と人間の決定がそのような関係にある。

裏返せば、自分の事業運営や生活規則が本当に妥当なものかはつねに疑わしい。それゆえ、この禁欲倫理は実践の徹底さに関しては、むしろ弱い面もあったのではないか。先人の、優れた求道者がつくってくれた規則を、ひたすら守り抜く――そんな禁欲の方がより強く生活規制を守っていた可能性は十分にあると思う。

そうした自由度ゆえの弱さもふくみこんで、この禁欲倫理と「合理的組織」の間には同型性が見出される。変動する環境のなかで、以前の自分の決定、自分が決めた事業運営や生活規則をただ守りつづけるだけではなく、新たな状況を観察し新たな情報を手に入れながら、前の決定による運営の仕方や規則や手続きを再検討し、再調整する(→三・二)。そういう形で、既存の方針や規則を活化しつづける。

そう考えれば、全ての宗教の禁欲倫理を平等にあつかいながら、プロテスタンティズムに固有な特徴をとりだすこともできる。それによって「合理的な持続的企業」と「合理的な経済エートス」との間に同型性を見出し(→二・二)、近代資本主義を特徴づける「自由な労働の合理的組織」とのつながりを明確にできる。

「失われた環」の現在――「資本主義の精神」とは何か

ウェーバーが見出そうとしていたのは、本当はこのような意味連関だったのではないだろうか。

ウェーバー&商会を起ち上げた彼の伯父、カール・Dの経営戦略ともこれは共通する。だからこそ、ウェーバー&商会が何をやったのかを「資本主義の精神」の貴重な事例、事業運営としては唯一の実例にあげたのではないか。カール・Dは農村の優秀な織り手を選抜して、自律分散型の生産方式を創り出しただけではない。一八六〇年代には商会は一〇〇〇人近い織り手を抱える規模になっていた。工程や販売を中間管理するしくみもつくっていたと考えられる(→一・二)。

そうした形で決定を委ねる組織をつくり、決定を時間的に分業していくことで、五〇年もの間、技術による品質向上とコスト削減を進める大工場に対抗して、「より安くより多く」を実現できた。そこにウェーバーは「プロテスタンティズムの倫理」と近代資本主義をつなぐ環を見出した。

優れた社会科学者は経験的な事態を観察するなかで「何か」を見つけ出す。むしろそういう資質と能力をもった人間が、優れた社会科学者になれる。ただ、そこで何を見出したのかは、本人にもはっきりとはわからない。わからないまま、既存の術語や喩えに抗いながら、その「何か」を少しずつ言葉にして論文を書いていく。社会科学というのは、そういう思考と表現の作業である。

ウェーバーもそうやって考えていったのだと思う。亡くなる直前の倫理論文でも、「資本主義の精神」とは何かを明確には示せなかったが、十分な手がかりは残してくれた。その後の経営学や社会学の組織研究、さらにそれらを理論化したルーマンの組織システム論をふまえていえば、「資本主義の精神」とは、**決めなければならない自由を生きる**ことであり、それが、**水平的な協働ができるような**

形に自分や他人の働き方を組織することにもなった。

そう考えれば、プロテスタンティズムの禁欲倫理と信団の社会と「自由な労働の合理的組織」を論理的につなげられる。ウェーバーの官僚制論の空白も解消できる。自己産出的な決定のネットワークとして「合理的組織」をとらえ直せば、ウェーバーの近代資本主義論や近代社会論で未解決だった混乱や課題を解消できるのである。

想定される帰結

それによってウェーバーの仮説がどのように整理され、また新たに展開できるのか。簡単にまとめておこう。


【1】近代資本主義の決定的な特徴が「自由な労働の合理的組織」にあるとすれば（↓序・一、一・二）、近代資本主義は①プロテスタンティズムの禁欲倫理と②特定の人格に帰属しない、「人に拠らない」法人会社の制度という、少なくとも二つの原因をもつ（↓一・三〜四、二・二）。

ウェーバー自身もそう考えており、『商事会社』から最晩年の研究まで一貫して、②は中世イタリアの内陸都市の工業で最初に出現してきたと述べている（↓一・四、二・二）。彼の近代資本主義論は、カトリックに対するプロテスタントの文化的優位を特に主張するものではない。

②の出現は①よりも数百年早い。それゆえ、②が①の成立に影響したことはありえるし、①の出現後に②との間で因果的な相互作用が働いたことも考えられるが(↓二・二)、①は②の原因にはなりえない。因果同定の方法論を考え抜いていたウェーバーにとって、これらの点は自明だっただろう。

また、一九二〇年ごろの著作では、異質な業務の結合が注目されるようになるが、これも資本計算にもとづく経営とともに、②で成立した可能性がある(↓一・四、三・二)。

【2】ウェーバーのいう「プロテスタンティズムの禁欲倫理」は、独自の勤勉さの形態をもち、事業で得られた利益の多くを継続的に、より正確にいえば「十分なリスク分散ができた」といった特定の停止点なしに、事業に再投資する強い傾向性をもたらす。

それは平均的には、こうした禁欲倫理をもつ事業家を成功しやすくする。また、同じく平均的には、その事業の資本も拡大しやすくする。その一方で、事業者自身の了解では「神」会社の「仮社員」にすぎない。だから事業が成功しても生活水準をあげる理由がなく、質素で勤勉な生活をつづけることになる(↓一・三)。

ウェーバー自身もそう考えていた。ただし留保すべき点もある。

第一に、この禁欲倫理はあくまでも彼が想定したものであり、西ヨーロッパやニューイングランドで実際に信仰されていたものとどの程度重なるかは、経験的な宗教史の研究によるしかない。

第二に、こうした禁欲倫理が実在していたとしても、経済的な推進力としては、事業者個人の営利欲や他の宗教の禁欲倫理以上に強力だったとはいいがたい。永久「仮社員」をやらされれば、たとえ死後に地獄が待っていたとしても、やる気を失う人は少なくないだろう。一定の時間幅での利益率が高いともかぎらない。

特定の停止点をもたないからといって、実際に無限に拡大できるわけではない。事業規模が拡大すれば規模の不経済も生じる(↓一・四)。それを突破するためには、決定の時間的な分業を組み込んだ近代的な組織が必要だったが、それは禁欲倫理だけで生み出されるものではない。

【3】このような禁欲倫理と同型の「自由な労働の合理的組織」は、一九世紀以降の本格的な産業化のなかで、企業だけではなく、行政や法を「人に拠らない」形で、それゆえ制度それ自体の論理にしたがって「形式合理的」に運営する制度的手段となった。

ウェーバー自身は、こうした「合理的組織」がどんなしくみで成立しているかに関しては、十分な説明ができなかった(↓二・二、三・二)。産業化のなかでの位置づけもやや混乱している(↓三・一)。

一四世紀に成立した「人に拠らない」法人会社が一九世紀の産業社会で主要な制度になるまでには、実際にはプロテスタンティズムの禁欲倫理以外にも、いくつかの要因や環境条件が働いたと考えられる。その具体的な解明は今後の課題である。

【4】こうした禁欲倫理は、一八世紀以降のニューイングランドの社会で特定の人格に帰属しない教会組織や政治組織、すなわち「信仰者たちの教会」とそれを保護する自治政府を運営していく後押しにもなった（↓一・四、二・二）。

ウェーバーもこれらと禁欲倫理の間には関連があると考えていた（↓一・二、二・二）。また法と行政に関しては、イングランドでも「計算可能な」「合理的な」運営がされており、近代資本主義の基本的な前提条件をみたしていたことも認めている（↓二・二）。

だとすれば、法と行政における「合理的組織」の成立は、西欧のなかでも、社会ごとにかなり異なる経路をたどったと考えられる。その成立過程を再構成していくことは、例えば、いつ・どこで決定の回帰的ネットワークにあたる状態が成立したのかも、今後の課題だが、異なる専門知識の結合や法実務の専門職集団に注目したウェーバーの考察は、その有力な手がかりになるだろう（↓一・四、三・二）。

【5】原因①と②の間の相互作用の一環として、ニューイングランドの植民地社会を引き継ぐアメリカ合衆国の社会では、西ヨーロッパに比べてより早く、近代的な法人会社の組織が一般化し、受け入れられていったことが考えられる（↓二・一）。ウェーバー自身は明確には述べていないが、『宗教社会学

論集1』刊行時の改訂や「序言」などから考えて、一九二〇年以降、そのような方向へ研究が進んだ可能性はある。

二つの社会は当時から経済的なつながりが強いので、本当に「より早く」だったのかは検証しやすい。少なくとも経営史と会社法史の上では、アメリカの方がより早く一般化し、西ヨーロッパに導入(学習)されていったことは、ある程度裏づけられる(佐藤『近代・組織・資本主義』前掲)。

イングランドの経済はもともと個人単位で営まれる性格をもっていたが、事業会社に関してはパートナーシップが長く支配的で、経営をできるだけ特定個人の人格に帰属させようとしていた。そうした形態を大きく変えるには、禁欲倫理のような力が必要だったのかもしれない。

一九世紀後半以降の、アメリカやドイツとイングランドとの産業社会の展開のちがい、特に経済成長に寄与する主な要因のちがいにも、これは関連しうる(↓三・二)。ドイツの近代資本主義の独自性と課題という、国民経済学者ウェーバーの問題関心とも重なってくる(↓一・二)。

ウェーバーのいう「プロテスタンティズムの倫理」と「自由な労働の合理的組織」の間には、このような、かなり複雑な因果経路が想定される。「資本主義の精神」すなわち水平的な協働ができる形で労働を組織化する形態を介して、両者の間にはたしかに同型性が見出されるが、そこには法人会社という重要な先行変数があり、他の要因も働いている。ウェーバーの研究全体ではそれらも慎重に考慮されているが、倫理論文では大幅に省略されており、その結果、単純かつ意外な因果関係が、まるで一つの極から別の極へ飛び移るように語られる。

けれども、だからこそ産業社会を生きる私たちにとって、決定的な「何か」がそこに凝縮されているように感じられて、多くの人の心をつかんできたのだろう。たとえウェーバーのいう「プロテスタンティズムの倫理」が実際の信仰とはちがったものであったとしても、「ここに描かれているのが近代のまぎれもない真実なのだという直感を、読み手はぬぐいさることができない」(佐藤前掲三四頁)。

また、比較による因果同定に関しては、

【6】貨幣経済が発達し人口増も起きていた近世中国社会で、なぜ「合理的組織」が成立しなかったのか、というウェーバーの問題設定は今も妥当性がある。

ただし、彼の「合理的組織」の定義は不十分で、①禁欲倫理との同型性の解明も不十分だった。そのため、「合理的組織」を成立させなかった宗教倫理の性格づけは的外れになっている。その点で、西欧以外の宗教倫理に関する考察には大きな限界がある。また②「人に拠らない」法人会社の制度の不在にも注目しているが(↓二・二)、①と②の相互作用までは考え詰めておらず、循環論証になっている。

宗族の再組織化にあたる「氏族の社団化」が「基礎範疇」の校正で初めて出てくるなど(↓二・一)、

まだ研究の途上にあったといわざるをえないが、少なくとも一九二〇年の時点では、中国の経済社会は西欧とは異なる独自の経路で成長してきた、とウェーバーは考えていた。

【7】近世日本の経営史や法制史でも都市法のあり方は注目されている。これも現代の研究との接点になるだろう。

社会科学における発見

いうまでもないが、これらはあくまでも現時点での、ウェーバーの仮説の再構成とその答えだ。もし「合理的組織」の動き方に関してルーマンの組織システム論よりも良い近似モデルができれば、あるいはプロテスタンティズムの倫理や中世イタリアの法人会社について新たなデータが出てくれば、もちろん再検討を迫られる。その意味で「中間考察」でしかない。ウェーバーから始まった問いの答えを探し求める途は、現在からさらに未来へつづいている。

ルーマンの社会学に関しても同じことがいえる。その出発点は「職務」とは何かに関する具体的な考察と再検討にあった。「職務ってこういうものだと考えられているが、実際にはちがうみたいだ」「ウェーバーは職務をこういうものだとしているが、ちがう面もあって、実際にはそちらの方が重要ではないだろうか」――そのような気づきから、社会科学の本当の「突破」は始まる。抽象的で難解で、わかりにくいとされるルーマンの自己産出系論（コミュニケーションシステム論）でも、やはりそうだった。

だからこそ、抽象的な概念や術語をただ要約して整理するのではなく、できるだけ著者と同じ種類のデータも見ながら、著者が何を考えようとしていたのかを考える。そうすることで初めて、著者が何をとらえようとしたのか、何を言いたかったのかも見えてくる。ウェーバーでもルーマンでもそれは変わらない。

だからこそ、二人の社会学は経験的な研究になっている。ウェーバーもルーマンも、むしろその研究がどんな具体的な事例や事態を考えているかに焦点をあわせることで、論理的な構築まで明快に読み解けるのである。

四　ウェーバーとルーマンの交差——因果と意味

何が見出されたのか

これまでの解説と考察で明らかになったことをまとめれば、次のようになる。

《1》ウェーバーは近代資本主義を成立させた要因として少なくとも二つ、すなわち①プロテスタンティズムの禁欲倫理と、②特定の個人に結びつかない、その意味で「人に拠らない」法人会社の制度とを考えていた。

《2》ウェーバーのいう「プロテスタンティズムの倫理」と「自由な労働の合理的組織」の関連性は、ルーマンの組織システム論をふまえることで、論理的により明確で、経験的な検証もしやすい形で読み解ける。

ウェーバーは「プロテスタンティズムの倫理から近代資本主義が始まった」と考えた――社会学はもちろん、経済史や経営史でも、ほとんどの解説や紹介でそういわれてきた。それらが全くまちがっているわけではない。実際に、禁欲倫理は要因の一つとされているからだ。けれども、他の要因にもウェーバーはしっかり目を向けていた。彼自身の近代資本主義論を読めば、そのことははっきり書かれている。

二〇代に書かれた最初の著作である『商事会社』で、彼はすでに近代資本主義を成立させた要因について考え始めていた。この著作にはプロテスタンティズムは全く出てこない。そして亡くなる直前の「基礎範疇」では近代資本主義の決定的特徴を企業形態で定義しており、その形態は「経済だけからは説明できない」とも書いている。

にもかかわらず、そう読まれてこなかった。その主な理由は、「合理的組織」の解明が不十分だったからである。そのため、①禁欲倫理の影響も勤勉さに短絡され、②法人会社の制度の影響は無視されてきた。裏返せば、「合理的組織」とは何か、それがどのように動くのかが明らかにされて、はじめて①と②が近代資本主義の成立にどう関わっているのかも見極められる。

その課題はルーマンの組織システム論によって果たされた。ルーマンは近代的な組織を、複数の決定を連ねて環境の変化に対応していく決定の回帰的ネットワークによって、水平的な協働と時間的な分業を実現していくしくみだととらえ直した。こうした組織は「近代組織」とも呼ばれるが、ウェーバーとのつながりを考えると、これは実はとても的確な呼び名なのである。そうやって「ウェーバー予想」は解決されていった。

二人の社会学はそういう形でつながっている。それぞれが産業社会の重要な解読になっているだけでなく、二つをつなげることで、近代資本主義だけでなく、私たちが生きている「この」社会の根幹に光をあてることができる。第一章での「プロテスタンティズムの倫理と資本主義の精神」の読み解きも、そういう作業であった。

日本語圏では重視されてこなかった唯一の経営上の事例をとりあげて、そこで何が述べられていたのかを、他のデータや史料も参照しながら考えた。そこから見えてきた途が自己産出系の理論までつながっていたわけだが、出発点は具体的な事実であり、そこに従来見過ごされてきた「何か」を見出したことだった。社会科学はそういう学術なのである。

理解社会学と会社法

二人の社会学者の間には、他にも重要なつながりがある。それは社会を「意味」からとらえようとした点だ。ウェーバーでいえば理解社会学、ルーマンでいえばコミュニケーションシステム論がそれにあたる。

理解社会学は適合的因果とともにウェーバーの基本的な方法論になっている。一言でいえば、行為の「考えられた意味」の解明を通じて社会的な事象をとらえるものだが、ウェーバーの方法論はたんに意味が重要だと主張しただけではない。「理解する」ということはどんな事態なのか、を明確に定式化した。

行為の意味は当人がどう考えているかだけではなく、他人がどう理解するかにもよる。いわば二層の「意味」がある。そして、観察者である社会学者があつかえるのは、ほとんどの場合、後者だ。それゆえ、理解社会学は「社会的な意味」に注目した方法論であり、「解釈社会学」だといえる(↓序・二)。

経験的な研究でもそうだ。例えば倫理論文でも、プロテスタンティズムの禁欲倫理が他の宗派の信者からも「信頼」されたことを強調している。『商事会社』の研究では、こうした視点はもっと明確にでてくる。例えば共同責任という制度では、会社の構成員が会社名で結んだ契約は、実際に構成員間で相談があったかどうかに関係なく、第三者に対しては構成員全体の共同責任とされる(↓二・二)。つまり、①一定の外形をもっていれば、契約相手などの会社外の他人(第三者)に対しては同意があったことになるが、②会社内の構成員間での義務や責任、例えば実際に相談があったかどうかはそれとは別にあつかう。

会社法ではこの二つがともに法的にあつかわれるのでより複雑になるが、法的な判断は一般にこうした二層性をもつ。例えば、ある行為が問題になった場合、当事者がどんな意図だったと主張しているかとは無関連に、「そうした行為はこういう意味だ」と第三者が判定し、社会的にはそちらの意味で通用させる。ウェーバーは法学、それも商法の専門家だった。行為の意味が社会のなかではそういう形で決まっていくことは、自明な前提だっただろう。

行為の意味とコミュニケーションシステム

こうした「行為の意味」の定義は、他人が勝手に意味を決めてしまうように受け取られやすいが、そうではない。先ほどの①と②の二重性でも、「一定の外形」についての理解の共有は前提になっている。それにもとづいて行為の意味を推論しているのである。

社会学者の研究でも、私たちが日常生活で他人と関わるときでも、同じことが起きている。日常的な理解では、それこそ今後の関係を円滑にするために、当人の意図の主張をより取り入れたりするが、それも推論の一部だ。つまり、行為の理解は当事者水準でも観察者水準でも、一般に他人による推論としてあつかえる。

現代の数理科学ではベイズ統計学の枠組みで推論を理論化することが多いが、ウェーバーの理解社会学も、行為の意味を「幅」としてとらえることで、ベイズ更新の形で定式化できる。ルーマンのシステム論の中心的な概念である「不定性」も、この枠組みの上で自然に定義できる（佐藤『メディアと社会の連環』前掲II-2）。

社会学の歴史の上では、こうした意味のとらえ方はC・ライト・ミルズの「動機の社会学」などを通じて、ルーマンのシステム論に流れ込んでいる。例えば水平的な協働では、後の決定は前の決定に必ず影響されるが、ただ引き継ぐのではなく、つねに前の決定を解釈しながら引き継ぐ（↓三・二）。そういう形で前の決定と後の決定が互いに互いを成立させあうことで、決定が自己産出されていく（↓三・三）。組織のシステムはそういう形で、環境の変化に対して自己も変化させながら対応している。

だとすれば、組織というシステムは決定を受け継ぎ重ねていくものであり、そこには解釈の作用が大きく関わる。そう考えれば、これが「コミュニケーションシステム」であることもよくわかる。だから、ウェーバーの理解社会学の後継者は、A・シュッツでもパーソンズでもなく、ルーマンであり、そのつながりはマートンやブラウやライト・ミルズらのコロンビア学派による部分が大きい、と私は考えている。プロテスタンティズムの禁欲倫理と「合理的組織」のどこが同じで、どこがちがうのかも、「他人からみれば」という視点をいれることで、より明確にできる(↓二・二)。

新たな接点――相互依存と分配問題

そこから示唆されることは少なくないが、一つだけ、やや意外に思えるかもしれないものをあげておこう。

三・三で述べたように、ウェーバーの近代資本主義論はマルクスの産業資本論とは全く異なる。そもそもウェーバーは、商業資本が固有な価値を生み出さないとは全く考えなかっただろう。「資本主義の精神」の事例となったウェーバー&商会も、「小売業」での革新だとされている(↓一・二)。けれども、水平的な協働が「資本主義の精神」の中心部分であり、決定の時間的な分業こそが企業の利益の源泉だとすれば、各人の働きや貢献はつねに相互依存的なものになる。各当事者の決定は相互に依存しあって意味をもつ。だとすれば、その成果は特定の個人の所有物にはならない。複数の人間の貢献のたんなる組み合わせにも還元できない。決定の時間的な分業の成果は、決定の相互依存の産物である。

したがって、その利益を事業の運営に関わる一人一人にどのように分配するかについて、自明な答えはない。言い換えれば、そこにはつねに、分配という課題が独自に解くべきものとして存在している。水平的な協働が企業の効率性を支えているとすれば、その成果は特定の誰かの所有物にはなりえない。水平的な協働で利益を生み出す会社は株主の所有物ではないし、その利益は経営トップや上級管理職だけの成果でもない。

近代的な法人会社は、特定の誰かの所有物ではなくなることから始まった(↓一・四)。これは「株主(資本家)のものか、それとも従業員(労働者)のものか」のような二者択一がそもそも成立しない制度なのだ。だから「資本主義の精神」も資本家の精神ではない。

そして、もしマルクス主義の経済学が、複数の人間の相互依存の成果をどう配分するのかを課題とするのであれば(松尾匡・橋本貴彦『これからのマルクス経済学入門』筑摩選書、二〇一六年など)、そこでは接点をもちうる。決定の時間的分業という考え方は、特定時点での労働時間にもとづく価値測定とは両立しない。したがって、ウェーバーやルーマンとマルクスの「接合」はありえないが、近代資本主義の経済と社会の運営に根源的な相互依存性があることを無視するのは、公平でもなければ、合理的でもない。

『共観福音書』の章句を借りれば、「カエサルのものはカエサルに、神のものは神に」だ。ルーマンのコミュニケーションシステム論全般にも、もちろんこれはあてはまる。

因果と意味と社会科学

その一方で、現在からみてもウェーバーの方が、ルーマンよりも深く考えられていた部分もある。それは因果をめぐる考察だ。

ウェーバーは全ての因果関係を理論上は同定可能だが、実際に観察できるのは一部だと考えており、法則科学が唱えたような歴史法則には、はっきり否定的だった(佐藤『社会科学と因果分析』前掲)。因果を具体的に同定する際には、必ず何らかの仮定を置く必要があり、その仮定には置いた人間の価値観が必ずふくまれる。社会科学者はそのことに自覚的でなければならないが、だからといって、「近代主義の賛美」や「反近代の思想」が経験的な研究の代わりになるわけではない。

もしも一九二〇年のウェーバーに「近代資本主義の未来として、新たな預言者の出現と旧い思想や理想の復活と機械的化石化の三つのうち、どれが本当に起きると思いますか?」と訊ねたならば、こんな答えが返ってきただろう。――「それは、あなたが適切だと考える仮定を自分の責任で置き、それを明示した上で、あなた自身で答えるべきものだ。ただしその際に、自分の仮定に自分の価値観が必ずふくまれていることは、絶対に忘れるな」。

こうした因果分析の方法論に関しては、むしろルーマンの方が混乱しており、それが彼のわかりにくさを創り出した面も否定できない。例えばルーマンは「因果から機能へ」の転換を主張したが、余計な文飾や哲学談義を取り払えば、その内実は「原因と結果はつねに一対一で対応するわけではない」である。

すでに述べたように、適合的因果では、因果の有無は「他の条件が全て同じであれば、Xがある／ないによってYの出現確率が変わる／変わらない」で判定される。つまり、「他の条件」のなかにYの原因になりうるものがあることが前提になっており、一つの結果に対して原因は複数ありうる、と最初から考えている。だとすれば、同じ原因から複数の結果も生じうると考えた方が自然だ。要するに、ウェーバーは最初から、原因と結果を多対多の形でとらえており、ルーマンの主張は特に新しいものではない。

ルーマンはもう一つ、因果に関して一見新しい主張を述べている。「因果は意味に還元される」だ。これに関しては、そこでいう「意味」とは何かが問題になる。もしそれが「他でもありうる」ことならば、原因と結果の多対多対応と同じものだ。もし「物理的な測定だけでは特定できない」ということであれば、これもウェーバーが適合的因果の解説ですでに主張していた。全ての因果関係を特定できない以上、具体的な因果の特定には「もしも他の条件が同じだとすれば」という反実仮想の仮定が必要になるからだ。

だから、少なくとも適合的因果の考え方がわかっていれば、ルーマンの社会学とりわけ経験的な研究は十分に理解できる。その新しさも見出せて、その先をさらに考えることもできる。それで十分だろう。因果が本当に実在するかとは無関連に、私たちは因果の形で世界を観察している(↓序・二)。因果の概念を否定する論者ですら、日常的にはそうしている。だとすれば、できるだけ論理的に明確な形で、その観察を位置づけるしかない。

「合理的組織」に関しても、ルーマンの視点は革新的だったが、ウェーバーが全く考えなかったことを考えたわけではない。ウェーバーも共同責任という形で決定の分業を見出しており、ルーマンの組織研究もそこから始まっている。三・二で述べたように、決定の分業が「職務と個人が分離した」「人に拠らない」組織の決定という形をとるためには、決定が決定を創り出すしくみが必要になる。決定が決定を創り出すことは、要素が要素を創り出すことであり、要素の自己産出にあたる。

意味だけではなく、因果のとらえ方や制度の論理に関しても、ルーマンとウェーバーとの間には明らかな連続性がある。ウェーバーが投げかけた問いを、ルーマンは誰よりもよく受けとめて答えた。だからこそルーマンの社会学は面白いし、意義ぶかい。私はそう考えている。

終章　百年の環

一

マックス・ウェーバーが描き出した「資本主義の精神」とは何なのか。その具体的な実例としてあげられた一つの企業を緒《いとぐち》にして、彼の近代資本主義論が本当はどんなものなのか。近代資本主義をどのようにとらえ、その成立の因果をどんな方法を使って、どう考えていったのか。そこからどんなことが見えてくるのか。――これまでそれをたどってきた。

その探究から見出されたことは、やや意外なものだったかもしれない。近代資本主義とは何かもふくめて、ウェーバーの社会学は適合的因果という方法論にもとづく体系的なものであった。「合理的組織」への注目という点では、彼の最初の著作であり、法学の博士論文でもあった『商事会社』をふくめて、社会科学として高度な一貫性をもっていた。一言でいえば、研究者としてのウェーバーは一生をかけて一つのことを考えつづけた。それは今もなお「活きている」、先端的なものでもあった。

とはいえ、彼は「時代を超えた天才」だったわけではない。研究主題が横断的で、取り組んだ分野が多岐にわたるために見えづらいが、それぞれの領域で重要な先行研究があった。適合的因果の方法論はフォン・クリースからきている。法人会社の成立論は、ゴルトシュミットたちが商法と法制史で取り組んできた主題だ。ウェーバーはそれらを結びつけた。

そこにこそ、彼の独創性があり、貢献がある。たんに複数の分野の成果を結びつけただけではなく、それができる枠組みを独自に考えて創り出した。それによって「合理的組織」の概念や適合的因果は、社会科学の重要な研究手段になっていった。

その意味で、ウェーバーから始まったものは多い。明晰な方法論、明示的な概念定義、明確な論理構成。『職業としての学問』の最後でウェーバーは「明晰さ」の大事さを強調している。言うこととやることの間にときとして距離がある彼も、研究のなかではそれを実践しつづけた。やはり偉大な社会科学者だ。

日本語圏のウェーバー研究では、これらは必ずしも注目されてこなかった。それは二つの読み方が支配的だったからである。一つはマルクス主義、もう一つは文化科学。どちらの考え方もウェーバー自身は採らなかったが、日本語圏の社会科学では長い間、多数派を占めてきた。

ウェーバーの近代資本主義論がマルクス主義の資本の運動論と全く異なることは、すでに述べた通りだが、彼の社会科学の方法論もH・リッカートの文化科学とは大きく異なる。適合的因果は自然科学から導入されたものであり、文化科学の意義も『職業としての学問』ではっきり否定している。

ウェーバーは自分の方法論を「法則科学／文化科学」ではなく、「法則論的／存在論的」の枠組みによって組み立てたが、同時代人にやはりこの枠組みを使った人がいる。E・カッシーラーだ。カッシーラーが「法則論的／存在論的」を使ったのは、一九三七年の『現代物理学における決定論と非決定論』（山本義隆訳、みすず書房、二〇一九年）である。ウェーバーの社会学は量子力学と同じ時代のものなのだ（→序・二）。

こうした面は日本語圏の読解ではほとんど無視されてきた。例えば、今もなお倫理論文が大塚久雄の産業資本論にそって読み解かれている。それによって、ウェーバーが一〇〇年前に始めたことがどれほど新しかったかも、見失われつづけてきた。この本ではそれをもう一度とらえ直し、どのように引き継がれてきたのかを跡づけてきた。くり返そう、ウェーバーは今も「現代的」なのだ。

二

しかし、その一方で、ウェーバーの研究には明確な限界がある。それもまたたしかである。

現代の社会科学や歴史学にそのまままつながるような新しさを十分にもちながらも、中心的な概念である「合理的組織」とはどんなものなのかを、とらえ切れなかった。失敗したというより、それができるほどの研究の積み重ねがまだなかった。むしろウェーバー自身が、その積み重ねを始めた一人だった。

そういった方が適切で公平だろうが、にもかかわらず、彼の研究があたかも最終的な正解であるかのように見なされてきた。そのことが、ウェーバーの研究の成果を不当に旧く見せてきた。

そうした行き詰まりを打破したのは、ニクラス・ルーマンの組織システム論である。ルーマンの「機能」の概念もカッシーラーに結びつけられているが、彼のシステム論も組織の経験的研究から出発しており、コロンビア学派の官僚制研究を引き継ぐものでもある。自己産出系論につながる着想も、「合理的組織」の観察と考察から生み出された。

多様で横断的なウェーバーの社会学が実は体系的で一貫的であったように、ルーマンの社会学も一貫した主題をもっていた。ルーマンはそれを一般的なシステム理論として体系化したが、そのリアリティの根幹はやはり組織にあった。『全集』が神話化されたウェーバー像を打ち砕いたように、組織に関する論文集の編集と刊行などによって、ルーマンのそのような面もようやくはっきりと見えつつある。

だとすれば、二人の主題もまたつながっている。社会科学のなかでも特に社会学では、「革命」や「転回」がしばしば語られる。ウェーバーの研究と人生も、ルーマンの研究と人生も、そうした言葉で語られやすいが、探究の問いも答えも、むしろ人から人へ引き継がれ、問い直され、答え直され、新たな可能性を試行錯誤しながら、少しずつ進んでいくものだと思う。ウェーバーの理解社会学も、ルーマンのコミュニケーションシステム論も、そういうものであり、そして、そういうことを見せてくれているのではないか。

二人の社会学はともに経験的な研究に根差している。だからこそ、そうしたものとして読むことで、その可能性を最も良く引き出し、引き継ぐことができる。

例えば「基礎範疇」24a節でウェーバーは、近代資本主義の決定的な特徴を厳密に定義して、このちがいは「純粋に経済的な理由だけでは説明できない」と書いているが(↓二・二)、当初の文章は「純粋に経済的な理由だけでは説明できず、それに加えてそれぞれの歴史的な運命、政治的な体制の形態、宗教的に条件づけられた生活や認識の形態によって説明される。これらが営利機会の方向性の性質を決めたのである」だった。

「歴史的な運命」は現在の言い方では経路依存性にあたるものだろう。それが校正稿で、「純粋に経済的な理由だけでは説明できず、それに加えてそれぞれの歴史的な運命、政治的な体制の形態、そしてきわめて多様だが、かなりの程度宗教的に条件づけられた生活と認識の形態によって説明される。これらが営利機会の方向性の性質を決めたのである」になり、最終的に「純粋に経済的な理由だけでは説明できない」になる(I/23 S. 680)。

亡くなる直前までウェーバーは、近代資本主義のあり方がどのように、そしてどの程度宗教に影響されたのかを、慎重に見定めようとしていた。* 彼にとってそれは、歴史を決める因果法則を取り出したいという理論的関心や、宗教こそが人間生活を根底的に決めるといった信念からではなく、経験的な観察と論理的な考察を積み重ねることによって、はじめて解明できるものであった。「自分の目の前にあるだろう、学術的課題を達成するには、まだ百年かかるかもしれない」とも語っていた（『伝記』五一七頁、S. 703）。

ウェーバーの生涯にわたる研究は一言でいえば、西欧における近代資本主義の成立という、ただ一つの、具体的な因果の解明にあてられた。そのむずかしさを彼はよく知り、それから逃げなかった。そこにこそ、この人の学術の誠実さがあるのだと私は考えている。

そして、それによって近代資本主義の内部にも、その外部にも複数の経路を見出すことができた。そうした多元性こそがウェーバーの社会学の最大の成果ではないだろうか。

＊「基礎範疇」の校正作業の途中で彼は亡くなる（*1/23* S. 601–718）。彼の研究はテクスト的にも、経営形態の探究から始まり、経営形態の探究で終わったことになる。

三

一九世紀以降の科学技術の発展によって、人類は巨大な量の資源を動員できる力を手に入れた。「合理的組織」はその力を管理できる、少なくとも現在のところ、ただ一つの道具になっている。一〇〇年以上にわたってさまざまな代替案も試みられてきたが、結局、失敗に終わるか、「合理的組織」と同じものになるか、あるいは中国の「文化大革命」のように、もっと悲惨な結果をもたらした。

産業社会が今後どうなっていくにせよ、私たちは組織によって社会を営んでいくしかない。例えば、人口が減少していけば、地球環境への負荷は下がるだろうが、人口減は人口増と同じくらい、社会の急激な変化をともなう。それに短い時間で柔軟に対応する手段として、組織の意義は人口増の局面以上に大きくなるだろう。それこそ、より少ない資源で同じ成果をあげるためにも、組織の力をよりよく引き出す工夫は欠かせない。

現在ではＡＩなどに絡めて、「情報技術の発達によって組織が不要になる」ともいわれるが、コンピュータが開発されて以来、新たな情報技術が出現するたびに全く同じことが語られてきた（佐藤俊樹『社会は情報化の夢を見る』河出文庫、二〇一〇年）。この種の資本主義企業論は文字通り、掃いて捨てるほどある。

情報技術は今後ますます重要な道具になっていくだろうが、それが組織にとって代わることは考えにくい。例えば企業にせよ個人にせよ、複数の主体が同じ情報技術や意思決定技術を使えば、そこで技術的優位は消滅する。それこそＡＩで競争相手の出方を予測しあえば、決定不能になる。あとは、決定を時間的に分業して、近似解を試行錯誤するしかない。

だから、組織はこれからも「この」社会にとって不可欠なものでありつづけるだろう。けれども、この道具は設計されたものではない。産業社会が出現する以前からあった、会社の制度や宗教倫理などが重なりあってできた「寄せ集め仕事《ブリコラージュ》」だ。それゆえ、これがどんなものなのか、よくわからないまま使われつづけてきた。

社会科学の組織研究はそれを、いわば後から解き明かそうとしてきた。ウェーバーもルーマンもそうだ。この二人の社会学者が偉大なのは、「合理的組織」が何なのかを、私たちが本当はよく知らないことを知って、逃げずに考えつづけたところにある。そして今も、その探究は途上にある。何よりもそういう意味で、二人の社会学は未来に開かれている。もちろん、この本もそうだ。ここで私が書いたことも、考えたことも、いずれ書き換えられていくだろうし、書き換えられるべきものである。

一〇〇年と少し前に、ウェーバーが考え始めた問いを、彼自身がどこまで答えることができたのか。それがその後、どのように引き継がれ、新たな答えが見出されてきたのか。その探究によってどのような地平が開かれ、それが今どこへ進んでいて、どんな地平がまた新たに開かれようとしているのか。

その一端をこの本で見せることができたのであれば、とても嬉しい。

あとがき

全体のまとめやこの本をなぜ書いたのかは、終章ですでに述べた。もっと専門的な考察や研究に興味があれば、本文でもあげた『社会科学と因果分析(第四刷)』(岩波書店、二〇一九年)や『メディアと社会の連環』(東京大学出版会、二〇二三年)を読んでもらえればありがたい。ウェーバーとルーマン以外の社会学者もふくめた、社会学のより広い流れに関心があれば、『社会学の方法』(ミネルヴァ書房、二〇一一年)を見てほしい。

ここでは個人的なことを二つ書いておこう。

一九八一年に大学に入ったとき、社会学者になるなどとは夢にも思わず、どこかの高校で世界史の教員になれたらいいなあ、と考えていた。それで興味をもてそうな授業を探して、古代ギリシア・ローマ史を担当されていた弓削達先生の、一・二年生向けの小人数の演習(全学自由研究ゼミナール)に出てみた。西洋古代史には実はあまり関心はなかったのだが、二年生の先輩方ともお話ができて、結局、二年間そこに居つくことになった。

なので、私が最初に読んだウェーバーの著作は「プロテスタンティズムの倫理と資本主義の精神」

ではなく、弓削先生が共訳された『古代社会経済史』(東洋経済新報社、一九五九年)である。本書でこれを原題の「古代における農地関係」であげたのも、先生が原題の意味を解説してくれたのが、今も記憶に残っているからだ。そんなことも話されながら、よく「ウェーバーもマルクスも発見的に読みなさい」と言っておられた。テクストに書いてあることが真実だと思うな、自分の目と手で調べて考えろ、と。

ふり返ると、私のウェーバーの読み方には、そしてルーマンの読み方にも、その言葉がいつも活きていたように思う。終章で「書き換えられていくだろうし、書き換えられるべき」と書いたのも、そういう意味だ。やがて同じキャンパスの教員となり、今や当時の弓削先生よりも年上になったが、人間とは変わらないものだな、とあらためて思う。

もう一つは私自身の著作との関係である。『近代・組織・資本主義』(ミネルヴァ書房、一九九三年)は私の博士論文を改訂したものだが、そこでは「(1)個人は原理的に組織の外部にあり、(2)自由意思によって組織の規則に自己拘束するが、(3)自己固有の合理性を潜在的に保持しつづけるという、個人と組織の関係性について、社会的な了解が存在」(六七頁)することが、プロテスタンティズムの禁欲倫理と近代資本主義を結ぶ環だとした。

本文を読まれた方はお気づきだろうが、本書はルーマンの組織システム論を用いて、これをさらに書き換えたものになっている。「三〇年かけてこの程度か!」と自分でも少し笑えてしまうが、でもやはり本文で述べたように、研究とは本当はいつもそういうものだと思う。ウェーバーもルーマンも、結局、最初に見出した問いを最後まで問いつづけた。安易に答えを見出すことなく、問いそのものもときに問い直しながら。

この二つももちろん重なってくる。倫理論文も『古代社会経済史』もとても面白かった。だから同じことを、ウェーバーと同じような研究を、したいと思った。受け継ぐというのは本来そういうことだ、と私は考えている。

今回こういう形で新書を書くことになり、これまでの岩波新書もあらためて読み直したが、最も参考になったのは青山秀夫『マックス・ウェーバー』だった。「基督者」という位置づけには私は否定的だが、家族的な背景ではむしろ適切な描き方が多い。「適合的因果」の解説も的確だ。

L・ゴルトシュミットからの影響、特に大塚久雄が「ウェーバーの社会学の体系のなかでも隅《すみ》の首石《おやいし》」(「内と外の倫理的構造」小野塚知二編『共同体の基礎理論　他六篇』二六六頁、岩波文庫、二〇二一年)と呼んだ「対内／対外」倫理の二重構造論が、ゴルトシュミットの商業史の研究から来ていることも紹介されている。社会学の近代化論(例えば見田宗介『社会学入門』岩波新書、二〇〇六年)でも重視されてきたこの議論が、ユダヤ系でありユダヤ教徒でもあった商法学者ゴルトシュミットによるものならば、「共同体《ゲマインシャフト》／社団《ゲゼルシャフト》」の対比を通じてウェーバーが何を考えようとしていたのかも、資本計算の形式合理性などとあわせて、考え直す必要があるだろう。

ウェーバーの社会学・社会科学の全体像としても、特に第二章以降は現在でも十分に通用する。思想ではなく社会科学として読んでおり、形式合理性と実質合理性のあつかい方も、「近代」への立場の解釈も、(「合理的組織」と自動機械を最終的には同一視していることまでふくめて)妥当なものだ(第二章参照)。残念ながら新刊では手に入らないが、興味をもたれた方は一度読んでみられたらよいと思う。

刊行の経緯に関して簡単に述べておこう。

本書は、ルーマンの社会学について入門的な解説書を書きませんかという依頼を、『社会科学と因果分析』の担当編集者であった山本賢さんを介して、新書編集部におられた中山永基(関永基)さんからいただいたことから始まった。そういうものを書く気もあったのだが、その一つ手前の課題として、社会学の古典であり、現在の学術の水準でも十分に活きているウェーバーの研究が顧みられない現状が気になっていた。また『社会科学と因果分析』を書きながら、日本語圏での解説書や入門書の多くで、数十年前の著作の再引用がつづけられているのにも疑問を感じた。

それで私の方から、「ウェーバーからルーマンへ」という形で書きたいのですが、とご相談して、本書の企画がまとまった。中山(関)さんには半ば持ち込みみたいなものにおつきあいさせて申し訳なかったが、書きたい形で書かせてもらえたことに、何よりも感謝したい。

ルーマンの社会学に関する専門的な研究は先にあげた『メディアと社会の連環』などで、確率的な視点をとりこんだウェーバーの社会学方法論に関しては「散らばりのなかの社会(学)」(J・ゴールドソープ、杉野勇訳『集まりの科学』「解題」ミネルヴァ書房、近刊)などでも述べている。本書でも何度か言及したが、現在の社会学がどのような方向に展開しているか、だけでなく、その最先端でもなおウェーバーの研究は重要な出発点になる。そのことがこれらからも確認してもらえるのではないだろうか。

なお本書の全体、とりわけ第三章の組織システム論と第一章の経営史に関する考察は、二〇二〇年度組織学会年次大会での発表「決定と時間　M・ウェーバーの組織社会学から」がもとになっている。発表の企画と運営では高尾義明氏(東京都立大学)と樋口あゆみ氏(福岡大学)から多大な支援と助言をいただいた。また当日はお忙しいなか、島本実氏(一橋大学)と井口暁氏(追手門学院大学)に丁寧で詳細なコメントをいただいた。どこまでお応えできているかは心もとないが、お力添えいただけたみなさまに深く感謝したい。

また、いつものように、遠藤知巳氏(日本女子大学)と同僚の清水剛氏には、最初の草稿段階から読んでいただけた。的確なコメントを貰えただけでなく、とても勇気づけられた。ウェーバーもルーマンもあつかいやすい題材でないだけに、いつもよりさらにありがたかった。あらためて感謝したい。

二〇二三年九月

佐藤俊樹

＊本書はＪＳＰＳ科学研究費基盤Ｃ「組織システム論にもとづくウェーバー社会学の体系的再構成」の成果です。

ウェーバーの主要な著作・論文の年譜

＊は没後の刊行．［　］は『全集』での所収巻．（　）内はこの本での略称，とりあげる頻度が高いものはゴチックで表記した

1889	**『中世における商事会社の歴史について』（『商事会社』）**［1/1］
1891	『ローマ農地史』［1/2］
1892	「ドイツ・エルベ川以東地方における農業労働者の状態」［1/3］
1904	「社会科学的および社会政策的認識の「客観性」」［1/7］
1904–5	**「プロテスタンティズムの倫理と資本主義の「精神」」（倫理論文 1904–05 年版）**［1/9］
1906	**「文化科学の論理学の領域での批判的研究」（文化科学論文）**［1/7］
1908–09	**「工業労働の精神物理学について」（「工業労働」）**［1/11］
1909	**「古代における農地関係（第三版）」**［1/6］
1911	「アルトホフ「体制」」［1/13］
1910年代前半	＊「経済と社会」原稿群：「ゲマインシャフト」「宗教ゲマインシャフト」「法」**「支配」**「都市」［1/22–1~5］
1913	「理解社会学のいくつかのカテゴリー」［1/12］
1915	「世界宗教の経済倫理」：「序論」**「儒教」**「中間考察」［1/19］
1916–17	「世界宗教の経済倫理」：「ヒンドゥー教と仏教」［1/20］
1917–20	「世界宗教の経済倫理」：「古代ユダヤ教」［1/21］
1918	**『新秩序ドイツの議会と政府』（『新秩序ドイツ』）**［1/15］
1919	**『職業としての学問』**『職業としての政治』［1/17］
1920	**『宗教社会学論集 1』：「序言」「プロテスタンティズムの倫理と資本主義の精神」（倫理論文）「プロテスタンティズムの信団と資本主義の精神」（信団論文）**［1/18］ 「世界宗教の経済倫理」：「序論」**「儒教と道教」**「中間考察」［1/19］
1919–20	＊「社会学」原稿群：「社会学的基礎概念」**「経済行為の社会学的基礎範疇」（「基礎範疇」）「支配の諸類型」**［1/23］
1923	＊**『一般社会経済史要論』（『社会経済史』）**［3/6］（1919–20 年学期の講義を記録・編纂）

佐藤俊樹

1963年生まれ．東京大学大学院社会学研究科博士課程退学．博士(社会学)．東京大学大学院総合文化研究科教授．比較社会学，日本社会論．
著書に『近代・組織・資本主義――日本と西欧における近代の地平』，『社会学の方法――その歴史と構造』(以上，ミネルヴァ書房)，『意味とシステム――ルーマンをめぐる理論社会学的探究』(勁草書房)，『社会は情報化の夢を見る――[新世紀版]ノイマンの夢・近代の欲望』(河出文庫)，『格差ゲームの時代』(中公文庫)，『不平等社会日本――さよなら総中流』(中公新書)，『桜が創った「日本」――ソメイヨシノ起源への旅』(岩波新書)，『社会科学と因果分析――ウェーバーの方法論から知の現在へ』(岩波書店)，『メディアと社会の連環――ルーマンの経験的システム論から』(東京大学出版会)など．

社会学の新地平
――ウェーバーからルーマンへ　　岩波新書(新赤版)1994

2023年11月17日　第1刷発行
2024年1月25日　第2刷発行

著　者　佐《さ》藤《とう》俊《とし》樹《き》

発行者　坂本政謙

発行所　株式会社 岩波書店
〒101-8002 東京都千代田区一ツ橋2-5-5
案内 03-5210-4000　営業部 03-5210-4111
https://www.iwanami.co.jp/

新書編集部 03-5210-4054
https://www.iwanami.co.jp/sin/

印刷・理想社　カバー・半七印刷　製本・中永製本

ISBN 978-4-00-431994-8　　Printed in Japan

岩波新書新赤版一〇〇〇点に際して

ひとつの時代が終わったと言われて久しい。だが、その先にいかなる時代を展望するのか、私たちはその輪郭すら描きえていない。二〇世紀から持ち越した課題の多くは、未だ解決の緒を見つけることのできないままであり、二一世紀が新たに招きよせた問題も少なくない。グローバル資本主義の浸透、憎悪の連鎖、暴力の応酬——世界は混沌として深い不安の只中にある。

現代社会においては変化が常態となり、速さと新しさに絶対的な価値が与えられた。消費社会の深化と情報技術の革命は、種々の境界を無くし、人々の生活やコミュニケーションの様式を根底から変容させてきた。ライフスタイルは多様化し、一面では個人の生き方をそれぞれが選びとる時代が始まっている。同時に、新たな格差が生まれ、様々な次元での亀裂や分断が深まっている。社会や歴史に対する意識が揺らぎ、普遍的な理念に対する根本的な懐疑や、現実を変えることへの無力感がひそかに根を張りつつある。そして生きることに誰もが困難を覚える時代が到来している。

しかし、日常生活のそれぞれの場で、自由と民主主義を獲得し実践することを通じて、私たち自身がそうした閉塞を乗り超え、希望の時代の幕開けを告げてゆくことは不可能ではあるまい。そのために、いま求められていること——それは、個と個の間で開かれた対話を積み重ねながら、人間らしく生きることの条件について一人ひとりが粘り強く思考することではないか。その営みの糧となるものが、教養に外ならないと私たちは考える。歴史とは何か、よく生きるとはいかなることか、世界そして人間はどこへ向かうべきなのか——こうした根源的な問いとの格闘が、文化と知の厚みを作り出し、個人と社会を支える基盤としての教養となった。まさにそのような教養への道案内こそ、岩波新書が創刊以来、追求してきたことである。

岩波新書は、日中戦争下の一九三八年一一月に赤版として創刊された。創刊の辞は、道義の精神に則らない日本の行動を憂慮し、批判的精神と良心的行動の欠如を戒めつつ、現代人の現代的教養を刊行の目的とする、と謳っている。以後、青版、黄版、新赤版と装いを改めながら、合計二五〇〇点余りを世に問うてきた。そして、いままた新赤版が一〇〇〇点を迎えたのを機に、人間の理性と良心への信頼を再確認し、それに裏打ちされた文化を培っていく決意を込めて、新しい装丁のもとに再出発したいと思う。一冊一冊から吹き出す新風が一人でも多くの読者の許に届くこと、そして希望ある時代への想像力を豊かにかき立てることを切に願う。

（二〇〇六年四月）

岩波新書より

社会

女性不況サバイバル　竹信三恵子
パリの音楽サロン　青柳いづみこ
持続可能な発展の話　宮永健太郎
皮革とブランド　変化するファッション倫理　西村祐子
動物がくれる力　教育、福祉、そして人生　大塚敦子
政治と宗教　島薗進編
超デジタル世界　西垣通
現代カタストロフ論　金子勝／児玉龍彦
「移民国家」としての日本　宮島喬
迫りくる核リスク　〈核抑止〉を解体する　吉田文彦
記者がひもとく「少年」事件史　川名壮志
中国のデジタルイノベーション　小池政就
これからの住まい　川崎直宏
検察審査会　デイビッド・T・ジョンソン／平山真理／福来寛

ドキュメント〈アメリカ世〉の沖縄　宮城修
東京大空襲の戦後史　栗原俊雄
土地は誰のものか　五十嵐敬喜
民俗学入門　菊地暁
企業と経済を読み解く小説50　佐高信
視覚化する味覚　久野愛
ロボットと人間　人とは何か　石黒浩
ジョブ型雇用社会とは何か　濱口桂一郎
法医学者の使命　「人の死を生かす」ために　吉田謙一
異文化コミュニケーション学　鳥飼玖美子
モダン語の世界へ　山室信一
時代を撃つノンフィクション100　佐高信
労働組合とは何か　木下武男
プライバシーという権利　宮下紘
地域衰退　宮﨑雅人
江戸問答　田中優子／松岡正剛

広島平和記念資料館は問いかける　志賀賢治
コロナ後の世界を生きる　村上陽一郎編
リスクの正体　神里達博
紫外線の社会史　金凡性
「勤労青年」の教養文化史　福間良明
5G　次世代移動通信規格の可能性　森川博之
客室乗務員の誕生　山口誠
「孤独な育児」のない社会へ　榊原智子
放送の自由　川端和治
社会保障再考　〈地域〉で支える　菊池馨実
生きのびるマンション　山岡淳一郎
虐待死　なぜ起きるのか、どう防ぐか　川崎二三彦
平成時代◆　吉見俊哉
バブル経済事件の深層　奥山俊宏／村山治
日本をどのような国にするか　丹羽宇一郎
なぜ働き続けられない？　社会と自分の力学　鹿嶋敬
物流危機は終わらない　首藤若菜

岩波新書より

認知症フレンドリー社会　徳田雄人
アナキズム　一丸となってバラバラに生きろ　栗原康
まちづくり都市 金沢　山出保
総介護社会　小竹雅子
賢い患者　山口育子
住まいで「老活」　安楽玲子
現代社会はどこに向かうか　見田宗介
EVと自動運転　クルマをどう変えるか　鶴原吉郎
ルポ 保育格差◆　小林美希
棋士とAI　王銘琬
科学者と軍事研究　池内了
原子力規制委員会　新藤宗幸
東電原発裁判　添田孝史
日本問答　田中優子・松岡正剛
日本の無戸籍者　井戸まさえ
〈ひとり死〉時代のお葬式とお墓　小谷みどり
町を住みこなす　大月敏雄

歩く、見る、聞く 人びとの自然再生　宮内泰介
対話する社会へ　暉峻淑子
悩みいろいろ　金子勝
魚と日本人　食と職の経済学　濱田武士
ルポ 貧困女子　飯島裕子
鳥獣害　動物たちと、どう向きあうか　祖田修
科学者と戦争　池内了
新しい幸福論　橘木俊詔
ブラックバイト　学生が危ない　今野晴貴
原発プロパガンダ　本間龍
ルポ 母子避難　吉田千亜
日本にとって沖縄とは何か　新崎盛暉
日本病　長期衰退のダイナミクス◆　金子勝・児玉龍彦
雇用身分社会　森岡孝二
生命保険とのつき合い方◆　出口治明
ルポ にっぽんのごみ　杉本裕明
鈴木さんにも分かるネットの未来　川上量生

地域に希望あり◆　大江正章
世論調査とは何だろうか◆　岩本裕
フォト・ストーリー 沖縄の70年　石川文洋
ルポ 保育崩壊　小林美希
多数決を疑う　社会的選択理論とは何か　坂井豊貴
アホウドリを追った日本人　平岡昭利
朝鮮と日本に生きる　金時鐘
被災弱者　岡田広行
農山村は消滅しない　小田切徳美
復興〈災害〉　塩崎賢明
「働くこと」を問い直す　山崎憲
原発と大津波 警告を葬った人々　添田孝史
縮小都市の挑戦　矢作弘
福島原発事故 被災者支援政策の欺瞞　日野行介
日本の年金◆　駒村康平
食と農でつなぐ 福島から◆　塩谷弘康・岩崎由美子
過労自殺〔第二版〕◆　川人博

岩波新書より

金沢を歩く　山出　保
ドキュメント 豪雨災害　稲泉　連
ひとり親家庭　赤石千衣子
女のからだ フェミニズム以後　荻野美穂
〈老いがい〉の時代◆　天野正子
子どもの貧困 Ⅱ　阿部　彩
性と法律　角田由紀子
ヘイト・スピーチとは何か◆　師岡康子
生活保護から考える◆　稲葉　剛
かつお節と日本人　宮内泰介・藤林　泰
家事労働ハラスメント　竹信三恵子
福島原発事故 県民健康管理調査の闇◆　日野行介
電気料金はなぜ上がるのか◆　朝日新聞経済部
おとなが育つ条件　柏木惠子
在日外国人〔第三版〕　田中　宏
まち再生の術語集　延藤安弘
震災日録 記憶を記録する◆　森まゆみ
原発をつくらせない人びと　山秋　真

社会人の生き方◆　暉峻淑子
構造災 科学技術社会に潜む危機　松本三和夫
家族という意志◆　芹沢俊介
ルポ 良心と義務　田中伸尚
夢よりも深い覚醒へ◆　大澤真幸
3・11 複合被災◆　外岡秀俊
子どもの声を社会へ　桜井智恵子
就職とは何か◆　森岡孝二
日本のデザイン　原　研哉
ポジティヴ・アクション　辻村みよ子
脱原子力社会へ◆　長谷川公一
希望は絶望のど真ん中に　むのたけじ
アスベスト 広がる被害　大島秀利
原発を終わらせる　石橋克彦編
日本の食糧が危ない　中村靖彦
希望のつくり方　玄田有史
生き方の不平等◆　白波瀬佐和子
同性愛と異性愛　風間　孝・河口和也
新しい労働社会　濱口桂一郎

世代間連帯　上野千鶴子・辻元清美
道路をどうするか　五十嵐敬喜・小川明雄
子どもの貧困　阿部　彩
子どもへの性的虐待◆　森田ゆり
テレワーク 「未来型労働」の現実　佐藤彰男
反貧困　湯浅　誠
不可能性の時代　大澤真幸
地域の力　大江正章
少子社会日本　山田昌弘
親米と反米　吉見俊哉
「悩み」の正体　香山リカ
変えてゆく勇気◆　上川あや
戦争で死ぬ、ということ　島本慈子
ルポ 改憲潮流　斎藤貴男
社会学入門　見田宗介
冠婚葬祭のひみつ　斎藤美奈子
少年事件に取り組む　藤原正範
悪役レスラーは笑う◆　森　達也
いまどきの「常識」◆　香山リカ

岩波新書より

経済

岩波新書より

岩波新書より

現代世界

サピエンス減少　原 俊彦
ウクライナ戦争をどう終わらせるか　東 大作
ルポ アメリカの核戦力　渡辺 丘
ミャンマー現代史　中西嘉宏
アメリカとは何か 自画像と世界観をめぐる相剋　渡辺 靖
タリバン台頭　青木健太
ネルソン・マンデラ　堀内隆行
日韓関係史　木宮正史
文在寅時代の韓国　文 京洙
アメリカ大統領選　久保文明・金成隆一
イスラームからヨーロッパをみる　内藤正典
アメリカの制裁外交　杉田弘毅
ルポ トランプ王国2　金成隆一
2100年の世界地図 アフラシアの時代　峯 陽一
フォト・ドキュメンタリー 朝鮮に渡った「日本人妻」　林 典子

サイバーセキュリティ　谷脇康彦
トランプのアメリカに住む　吉見俊哉
ライシテから読む現代フランス　伊達聖伸
ベルルスコーニの時代　村上信一郎
イスラーム主義　末近浩太
ルポ 不法移民 アメリカ国境を越えた男たち　田中研之輔
習近平の中国 百年の夢と現実　林 望
日中漂流　毛里和子
中国のフロンティア　川島 真
シリア情勢　青山弘之
ルポ トランプ王国　金成隆一
ルポ 難民追跡 バルカンルートを行く　坂口裕彦
アメリカ政治の壁　渡辺将人
プーチンとG8の終焉◆　佐藤親賢
香港 中国と向き合う自由都市　倉田 徹・張 彧暋
〈文化〉を捉え直す　渡辺 靖
イスラーム圏で働く　桜井啓子編

中南海 知られざる中国の中枢◆　稲垣 清
フォト・ドキュメンタリー 人間の尊厳　林 典子
㈱貧困大国アメリカ　堤 未果
女たちの韓流　山下英愛
新・現代アフリカ入門　勝俣 誠
中国の市民社会　李 妍焱
勝てないアメリカ◆　大治朋子
ブラジル 跳躍の軌跡　堀坂浩太郎
非アメリカを生きる◆　室 謙二
ネット大国中国　遠藤 誉
ジプシーを訪ねて　関口義人
中国エネルギー事情　郭 四志
アメリカン・デモクラシーの逆説　渡辺 靖
ユーラシア胎動　堀江則雄
オバマ演説集　三浦俊章編訳
ルポ 貧困大国アメリカII　堤 未果
オバマは何を変えるか　砂田一郎
平和構築　東 大作

(2023.7)　◆は品切，電子書籍版あり．　(E1)